250

WINDSURFING MIT **ROBBY NAISH**

Robby Naish
Peter Brockhaus

WINDSURFING MIT ROBBY NAISH

mit Fotos von
Ulli Seer

Delius Klasing + Co

ISBN 3-7688-0364-3

Printed in Germany 1981

Fotos:
Folgenden Fotografen danken wir für ihre Unterstützung:
Mauro Galligani (128/129)
Michael Garff (10)
Jill Goodall (6, 7)
Werner Richter (10)
John Speer (190/191)
Ulrich Stanciu (9, 11, 18)
Steve Wilkings (54, 55, 77, 82, 83, 86, 87, 88, 89, 90, 91 oben, 92, 93, 94, 95, 96, 97 oben, 100 oben)
alle übrigen Fotos Ulli Seer
Die Stroboskop-Blitzanlage, mit der wir die Serienaufnahmen fotografierten, stammt von Dr. Gartner + Co, München

Umschlaggestaltung, grafische Konzeption und Layout: Ulli Seer
Productioner: Hermann Ludewig

Lithos: Jahn Repro, Bielefeld
Druck: Kunst- & Werbedruck, Bad Oeynhausen
Einband: Klemme & Bleimund, Bielefeld

INHALT

Oben:
Von dieser selbst gebauten Plattform wurden die Manöver-Fotos geschossen.

Eine Unmenge Material wurde von Ort zu Ort transportiert.

WIE DIESES BUCH ENTSTAND

Im Sommer 1979 kam Robby Naish samt Familie nach Europa, um mit uns an einem Buch zu arbeiten, das ursprünglich noch umfangreicher ausfallen sollte. Es sollte eine Gesamtschau des Windsurfing werden und auch alles über Boards und deren Eigenschaften und über die wichtigsten Technologien enthalten. Die Person des Robby Naish war ein Teil darin – sozusagen das Kapitel „Stil und Technik".
Karl Messmer und Chris Brockhaus waren ebenfalls mit von der Partie und hatten die Kapitel „Regattasurfen" und „Frauensurfen" übernommen.
Eigentlich war es schon eine richtige Produktion, die wir da anpackten.
Allein unsere Requisiten bestanden aus 20 verschiedenen Boards und noch mehr Segeln. Unser Fotograf Ulli Seer und seine Kamera-Assistentin Jill Goodall schleppten neben ihrer gewohnt umfangreichen Ausrüstung diesmal noch zusätzlich eine Stroboskop-Ausrüstung mit, die wir für DM 5.000,– Monatsmiete aufgetrieben hatten.
Hiermit wollten wir Bewegungsabläufe ganz besonders naturgetreu wiedergeben. Auf den Seiten 34–113 kann man das Ergebnis bewundern. Mehr als eine optisch interessante Variante zum jeweiligen Thema wurde die aufwendige Sache leider nicht. Da man bei Mehrfachbelichtungen dieser Art im Dunkeln arbeiten muß, waren unsere Einsätze auf die Stunden nach Mitternacht beschränkt, wo der Wind regelmäßig einschlief. So fehlt diesen Fotos gerade das, was wir fotografieren wollten: Dynamik.
Wir hatten uns beim örtlichen Fremdenverkehrsverein um Unterstützung unseres aufwendigen Vorhabens bemüht und natürlich alle Zusagen erhalten. Unser Baukran durfte am Ende des kleinen Piers in Cannigione aufgebaut werden, der Bürgermeister wollte für

Stromanschluß sorgen und der Polizeichef allzu Neugierige fernhalten, damit wir nicht zu sehr bei der Arbeit gestört würden.
Natürlich kam nichts so, wie verabredet: Der Kran hatte keine Plattform – sie wurde von uns selbst gebaut – der Stromanschluß fehlte (wir mußten 200 m Kabel verlegen) und beim ersten Auflauf der Zuschauer schloß der Commandante des Hafens, nachdem er sich schnell noch in Uniform geworfen hatte, die Veranstaltung.
Daß wir trotz allem diese 3 Wochen produktiv beendeten, lag an diesen einmaligen Windverhältnissen im Norden Sardiniens.
Je mehr uns Robby von seiner Kunst vorführte, desto klarer wurde mir, daß diese einmalige Technik und Perfektion ein eigenes Buch verdiente, daß alles andere daneben verblaßte.
Dazu kam der „sanfte Druck" des Verlegers, der ein einmaliges, nicht kopierbares Buch wollte. Ich glaube, er hat es bekommen. Hierfür mußte Ulli allerdings noch einmal an die Kamera. Insgesamt hat er 20.000 Fotos belichtet. Allein von den Surf- und Sprungszenen aus Hawaii haben wir serienweise aussortiert, wo mancher Fotograf froh wäre, nur eines dieser Fotos zu besitzen.

LERNEN DURCH SEHEN

Die meisten Erwachsenen haben eine Methode des Lernens verlernt, die sie mindestens die ersten 10 Jahre ihres Lebens gut beherrscht haben: Lernen durch Sehen. Dieses Buch benutzt diese Methode. Wer gut und stilvoll surfen will, braucht nur die Fotos aufmerksam zu studieren und zunächst in mentales Training umzusetzen. Natürlich muß zusätzlich ein intensives praktisches Training folgen; und in den meisten Fällen wird es wohl auch nötig sein, durch Surflehrer oder Freunde gesagt zu bekommen, was an der eigenen Haltung noch falsch ist.
Nicht mehr und nicht weniger ist damit gemeint, wenn dieses Buch durch optische Vermittlung und nicht so sehr durch den Text Lerninhalte vermitteln will.
Sicher ist, daß es für den, der es so anwendet, eine Menge zu lernen gibt.

Die Basis am Strand.

Ulli Seer, unser Fotograf in Aktion.

Peter Brockhaus in einer „Drehpause", selbst beim Surfen.

I. ROBBY NAISH THE KAILUA KID

Von den Anfängen des Windsurfing bis heute hat es viele gute Surfer, viele Weltmeister, gegeben. Die ersten Jahre (1974 und 1975) gehörten Matt Schweitzer, dem Sohn des Windsurfer-Designers. Gleichzeitig wurden Derk Thijs, die Brüder Karl-Heinz und Niko Stickl, Anders Foyen, Michel Garaudée und später Johnny Myrin, Karl Messmer, bis hin zu Thomas Staltmaier, berühmt. Diese sicherlich nicht vollständige Liste der besten Surfer der Jahre von 1976 bis heute, wird allein von einem Namen überstrahlt – Robby Naish. Er ist das größte Naturtalent, das der Windsurfing-Sport bisher hervorgebracht hat.

Er gewann von 1976–1978 dreimal hintereinander die entscheidenden Windsurfer-Weltmeisterschaften seiner Gruppe, gewann in der gleichen Zeit eine Vielzahl von bedeutenden Marathons, bei Starkwind angefangen bis hin zu seinem überzeugendsten Erfolg beim PanAm Cup 1980.

Lediglich ein dritter und fünfter Platz während der letzten beiden Windsurfer-Weltmeisterschaften bei Leichtwind und ein zweiter Platz beim PanAm Cup 1981 unterbrachen seine Liste erster Plätze.

Diese „Ausrutscher" beweisen nicht mehr und nicht weniger, als daß heute im internationalen Regattasport auf olympischer Bahn selbst das Können und Talent Robby Naishs nicht ausreichten, um ein Abonnement auf den ersten Platz zu haben. Die Spitze ist dichter geworden, und Pech beim Start oder Winddrehungen können kaum aufgeholt werden. Andererseits trennt jede Starkwindregatta erneut die Spreu vom Weizen, und bei schweren Bedingungen, dort, wo es die Zuschauer an den Strand zieht und die Kameraleute ihre langen Objektive aufschrauben, ist Robby der ungekrönte König.

Bisher gibt es nur wenige solche Regatten, die er nicht als Sieger beendet hätte.

Was jedoch Robby Naish viel mehr noch zum Star der Stars macht, was ihn über alle seine Gegner immer wieder triumphieren läßt, ist sein unnachahmlicher Stil, seine Eleganz und Lässigkeit, sein Mut und seine Überlegtheit, seine Bescheidenheit und sein Charme, mit dem er sich die Zuneigung von Hunderttausenden von Windsurfern auf der ganzen Welt erobert hat. Kein anderer Name ist auch nur annähernd so bekannt oder findet ähnliche Anerkennung. Kein anderer Surfer ist so unverkennbar das Vorbild von Zigtausenden

Als 13jähriger auf den Bahamas: Weltmeister in der leichten Gruppe.

1978 in Cancun, Mexiko.

Robby als 13jähriger bei der Windsurfer Weltmeisterschaft auf den Bahamas mit dem schwersten der schweren Gruppe. (1976)

von jungen Talenten, die – sei es beim Freestyle, beim Regattafahren oder beim Springen über die Wellen – ebenso gut sein möchten wie Robby Naish. Als er 1976 als völlig unbekannter 13jähriger Junge zu den Windsurfer-Weltmeisterschaften auf die Bahamas kam, machte er dem staunenden Publikum in spielerischer Weise klar, was der Surfsport eigentlich alles zu bieten hat.

Er war der erste, der katzenartig den Windsurfer auf die Kante stellte und vorwärts und rückwärts im „railride" seine Tricks vorführte. Zwei Jahre später bei den denkwürdigen Starkwind-Regatten in Cancun/Mexico war er der erste, der den Windsurfer selbst bei kleinen Wellen voll in die Luft brachte. „Getting airborne" war damals ein Trick, der das Springen auf flachem Wasser als neue Dimension in den Windsurfing-Sport einführte.

Obwohl auf der ganzen Welt heute professionelle Windsurfer das ganze Jahr über auf dem Brett stehen und unter oft idealen Bedingungen ihren Fahrstil perfektionieren können, ist Robby nach wie vor in extremen Bedingungen allen voraus.

Keiner springt höher, weiter, spektakulärer und dabei mit soviel kontrollierter Eleganz, und nur wenige können so wie er eine halbe Stunde lang in höchster Brandung das Publikum begeistern, ohne auch nur einmal ins Wasser zu fallen.

Es gibt sicher heute Surfer, die Dreiecksregatten taktisch raffinierter fahren als Robby, die die Wettsegelbestimmungen besser kennen und ausnutzen, aber keiner wird ihn schlagen können, wenn er mit ihm allein an die Startlinie gehen müßte und bei fünf und mehr Beaufort das Dreieck umsegeln sollte.

Es gibt Surfer, die radikaler als Robby fahren, aber genauso radikal gehen sie auch mit sich und ihrem Material um. Gefährliche Stürze und oft genug auch Gefährdung anderer sind die Folge. Was diesen Jungen im Vergleich zu seinen Konkurrenten mehr als alles andere kennzeichnet, sind diese zwei Fakten:

1. In allen seinen Rennen, die er bis heute bestritten hat, ist Robby Naish noch niemals in einen Protest verwickelt gewesen. Niemals wurde gegen ihn protestiert und niemals hatte

er es nötig, zu protestieren. Dies soll nicht heißen, daß Proteste beim Surfen etwas Negatives wären. Es soll nur beweisen, daß Robby Naish den direkten Konflikt meidet. Er segelt sich sofort frei und läßt seine Gegner möglichst nicht an sich heran.

2. Obwohl er in radikalster Brandung Sprünge zeigt, die viele Surfer noch nie im Bild gesehen haben, hat Robby Naish noch nicht einen einzigen Mast gebrochen. Auf mein Nachhaken – das könne doch nicht sein, das sei doch schier unmöglich – entgegnet er eingeschüchtert: *„Doch einmal – das war vor zwei Jahren – da wurde mein Mast von einem anderen Surfer abgefahren.“* Er nimmt es selbst noch auf sich, daß er da offenbar jemandem im Weg war.

Die Bescheidenheit des jungen 13jährigen Nachwuchstalents hat er sich bis heute erhalten. Seine Siege und Überlegenheit sind ihm nicht zu Kopf gestiegen. Er weiß, was er kann und er ist in der Lage, über sein eigenes Können mit soviel Distanz zu sprechen, daß man meint, er redete über eine andere Person.

„Von allen meinen wichtigen Regatten ist bis heute die Windsurfer-Weltmeisterschaft auf den Bahamas im Jahre 1976 das wichtigste Ereignis gewesen. Und zwar deshalb, weil wohl zum ersten Mal in der Geschichte des Segelsportes ein Kind eine große Regatta gewonnen hat und dazu noch die Weltmeisterschaft. Und da ich gerade erst ein Jahr vorher mit dem Surfen begonnen hatte, ist dieser Weltmeistertitel natürlich mehr als jede andere Regatta in meiner Erinnerung. Du mußt dir vorstellen, wie die mich damals behandelt haben. Hauptsächlich als den „süßen Kleinen“, wenn's hoch kam, als ein neues Talent.“

Als er dann gewann, war es der Beginn einer sportlichen Karriere, die bis heute im Windsurfen ihresgleichen sucht. Damals wurde in Europa die falsche Meinung verbreitet, Robby Naish sei eben ein Schülerprofi – einer jener jugendlichen Stars, die offiziell noch zur Schule gehen, aber in Wirklichkeit den ganzen Tag trainieren. Eben dies ist eine falsche Vorstellung. Zwar bietet Hawaii ideale Surfbedingungen, wenn der Wind weht. Aber das tut er eben nur in wenigen Sommermonaten so

Mutter Carol und Bruder Randy.

Im Paradies Hawaii aufzuwachsen…

… bedeutet, jeden Tag Urlaub zu haben,

wenn die Schularbeiten gemacht sind.

ideal, wie wir es von den Bildern kennen. Und mehr noch – Robby Naish ist ein fleißiger und gewissenhafter Schüler, der zwar nicht Klassenprimus ist, jedoch überdurchschnittliche Schulnoten nach Hause bringt. Sein Trainingspensum muß er an den wenigen Wochenenden absolvieren, an denen Freizeit und guter Wind zusammentreffen; denn normalerweise kommt Robby erst gegen 5 Uhr aus der Schule nach Hause. Von einem geregelten Training oder gar profihaftem Trainings-Stress konnte nie die Rede sein.
Damals, bei seinem großen ersten Sieg auf den Bahamas, stand er zunächst persönlich weniger im Mittelpunkt. Viel interessanter war die Tatsache, daß endgültig bewiesen wurde, daß Windsurfen kein reiner Kraftsport, sondern auch für Kinder zugänglich ist. Dieser Aspekt wurde von den vielen Windsurfer-Händlern, die die Nachricht vom Sieg des Robby Naish mit nach Europa brachten, gerne vermarktet.

Vater Rick Naish

CANCUN, WINDSURFER-WELTMEISTERSCHAFT 1978.

Den richtigen Respekt verschaffte sich Robby erst bei der Windsurfer-Weltmeisterschaft in Cancun/Mexico zwei Jahre später. Zwischendrin hatte er auch in Sardinien (1977) gewonnen, ebenso wie auf den Bahamas eine Leichtwindregatta. Natürlich meinten alle, er gewinnt, weil er so leicht und klein ist. Als dann in Cancun richtig starker Wind aufkam, waren eine Menge Leute froh und meinten: „Jetzt werden wir es dem Bürschchen aber zeigen, da draußen wird es ihn ganz schön zerlegen." Und dann wurde Cancun zu seiner stärksten Windsurfer-Weltmeisterschaft überhaupt. Robby gewann mit größerem Vorsprung als jemals zuvor und legte eine perfekte Serie hin. Was alle übersehen hatten, war die Tatsache, daß er inzwischen ein Starkwindsurfer geworden war.
Denn in Hawaii segelte er ja bei Leichtwind überhaupt nicht mehr. So konnte er in Cancun beweisen, daß leichte Surfer nicht nur bei wenig Wind gut waren und außerdem, daß er etwas vom Regattasurfen verstand und daß seine bisherigen Erfolge nicht nur Glück waren.
„Natürlich ist Glück an meinem Erfolg stark beteiligt. Aber das ist wohl bei allen, die im Sport erfolgreich sind, mit im Spiel."
Damals war noch die Regel allgemein anerkannt, daß bei wenig Wind ein Leichter gewinnen würde und bei viel Wind die schweren, starken Surfer überlegen waren. Doch dann kam der Marathon in Cancun. Es blies mit 5–6 Beaufort, und viele gute Surfer gingen gar nicht erst an den Start, da am nächsten Tag die offiziellen Dreiecksregatten begannen. Sie wollten Kräfte sparen und außerdem ihre Segel schonen. Vor dem Start tippte jeder auf Ken Winner, der ein Jahr vorher in Sardinien die World Week gewonnen hatte. Damals war Robby bei der World Week nicht gestartet, weil er einen gebrochenen Arm vom Skateboardfahren ausheilen mußte.
Natürlich wurden vor dem Marathon in Cancun noch eine ganze Reihe anderer Favoriten aus der schweren und halbschweren Gruppe genannt, aber sicher keiner aus der leichten Gruppe. Keiner konnte sich vorstellen, daß ein Leichtgewicht das Rennen überhaupt beenden könne. Deutlich spürte man bei einigen, wie froh sie waren, daß nun Robby Naish seine Niederlage einstecken würde.
„Die erste Kreuz ging besser, als ich selbst erwartet hatte. An der Tonne 1 war ich hinter Ken Winner Zweiter. Dann ging es mit gezogenem Schwert kilometerlang eine Raumstrecke die Küste entlang. Schon bald war ich

an Ken Winner vorbei und konnte mich ungefähr 200 Meter absetzen. Auf dieser Distanz hielt ich ihn dann das ganze Rennen hinter mir.“

Robby konnte sein Brett mit gezogenem Schwert die ganze Strecke im Gleiten halten, was Ken nicht konnte, weil er zu schwer war. So mußte er das Schwert halb stecken lassen, was ihn einfach langsamer machte.

Der Zieleinlauf war natürlich für die meisten eine große Überraschung, denn erstmals hatte ein Leichtgewicht bei so viel Wind einen athletischen „Schwergewichtler“ geschlagen. Das war für alle ein Ereignis, das sie noch nicht einordnen konnten.

PANAM WORLD CUP 1980

„Das tollste von allen meinen Rennen, was wirklich am meisten Spaß gemacht hat, war der PanAm World Cup 1980 hier in Kailua. Zum ersten Mal hatten wir wirklich hervorragende Bedingungen: sehr starken Wind – oft 7, manchmal 8 Windstärken – und Riesenwellen; eine Vielzahl von Funboards, darunter die schnellsten Neuentwicklungen und die besten Surfer der Welt. Dazu dann die Vielfalt der verschiedenen Wettbewerbe: Dreiecksregatten, Ins and Outs, Marathon. Ich war endlich einmal bei einer Regatta in meinem Element.“

Da es täglich wahnsinnig blies und die Rennen wirklich spektakulär waren, kamen zum ersten Mal auch enorm viele Zuschauer an den Strand von Kailua. Vorher war eigentlich nie viel Aufhebens vom Windsurfen gemacht worden. Denn man muß wissen, daß die Leute in Hawaii wirklich verwöhnt sind. Sensationelle Surf-Wettbewerbe und ebenso rasante Hobiecat Rennen haben ein hohes Erwartungsniveau erzeugt. Da muß schon etwas passieren, wie der PanAm Cup 1980. Durch dieses Rennen wurde Robby dann auch in Hawaii ein Sport-Star.

„Bis dahin war ich nämlich ziemlich unbekannt, weil Windsurfing hier in Hawaii noch nicht die gleiche Bedeutung wie in Europa hat. Dort, sagt man, würde mich jeder kennen, der windsurft.“

Bei der ersten Weltmeisterschaft der Offenen Klasse in Jamaika gewann dieses Hawaii-Team den Mannschafts-Cup. Von links: Rick Naish, Dennis Davidson, Pat Love, Robby, Dave Foy und Larry Stanley.

Robby's Surflehrer: Mike Horgan

Vater Rick Naish beim Shapen

KAILUA DER RICHTIGE PLATZ UM SURFEN ZU LERNEN

Natürlich sind die beiden Hauptgründe für seinen Erfolg im Windsurfen, daß er eben von Hawaii ist und hier trainieren konnte und daß er wohl die besten Lehrer hatte, die man sich vorstellen kann: Mike Horgan und Larry Stanley.

„Ohne Zweifel ist Windsurfing in Hawaii ein Riesenvorteil. Denn wir haben viele Monate im Jahr angenehme Trade Winds (Passatwinde). Wie jeder weiß, ist es hier so warm, daß man beim Surfen nie einen Neoprenanzug braucht. Wenn man ins Wasser fällt, so ist das ein Vergnügen und nicht – wie in Europa oft – mit einem Kälteschock verbunden. Und das Schönste ist, daß Starkwind hier in Hawaii nicht mit einer Kaltfront verbunden ist, wie an den meisten Plätzen sonst."

Als er ungefähr 11 Jahre war und in der 6. Klasse, hat Mike Horgan ihm Windsurfen beigebracht. Damals besaß er einen Hobie 12 – einen kleinen Katamaran –, und irgendwie geriet er in die Clique der Windsurfer in Kailua, die nur aus 7 Leuten bestand.

„Als ich Mike Horgan kennenlernte, war ich eigentlich noch zu klein, um überhaupt an den Gabelbaum heranzulangen. Das Segel hochzuziehen war ganz unmöglich. Aber er nahm mich einfach auf seinem Brett mit und ich hielt mich an seinem Segel fest. Als ich etwas größer geworden war, zeigte er mir, wie ich allein surfen konnte und lieh mir sein Brett, wenn er selbst nicht draußen war. Ich habe versucht, Mike's speziellen Windsurfing-Stil nachzumachen."

So lernte Robby von Anfang an effizient und ohne große Kraftanstrengung zu surfen; denn wie kein anderer beherrschten Mike und Larry in den Jahren 1974–1976 den leichten und lässigen Fahrstil.

„Auch Larry Stanley hat mir in den ersten Jahren eine Menge geholfen. Aber vielleicht das Wichtigste an Larry Stanley und Mike Horgan war, daß sie mich wie ihresgleichen behandelten und nicht wie ein Kind."

Und so wurde Robby einer ihrer Freunde, ohne daß es ein Onkel-Kind Verhältnis war.

Der getunte Mistral Competition entstand aus einem durchgebrochenen Board. Der Rest (220 cm lang) fuhr erstaunlich radikale turns.

Robby vor der "Naish Garage", einem für Hawaii typischen Einfamilienhaus, 5 Min. vom Strand entfernt.

Links und nächste Doppelseite: Kailua Beach. Robby hat das beste Windsurfing-Revier der Welt direkt vor der Haustür.

23016
4186
44969
41290

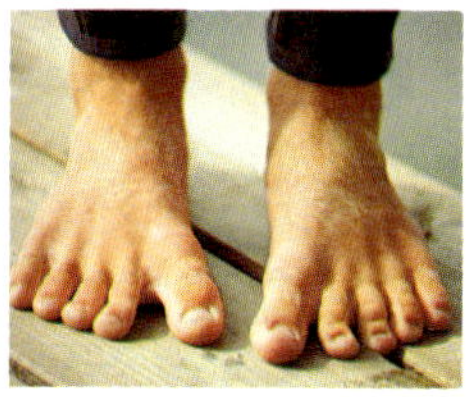

Mit solchen Füßen steht man gut.

Rolly, der jüngste Naish, darf hier mit auf's Brett.

Sie akzeptierten ihn einfach und er strengte sich an, sich nicht wie ein Kind zu benehmen. *„Das gleiche geschah dann auch mit meinem Vater, als wir anfingen, zusammen zum Windsurfen zu gehen.“*
Wie alle Jungen in Hawaii, begann Robby mit dem Boardsurfen, als er ungefähr 6 Jahre alt war. Bis 11 war er fast jeden Tag auf dem Wasser beim Surfen. Aber auch noch einige andere interessante Sportarten, wie Football, Basketball, Skateboard und Segeln mit seinem Vater, machten ihm Spaß. Sein Vater war damals ein guter Hobiecat-Segler – er gewann 1972 die amerikanische Meisterschaft. Dadurch hatte Robby schon einiges Seglerblut in sich, und sicherlich wurde durch Rick sein Sinn für's Regattasegeln geschult. Von seinem Vater erfuhr er auch vor seinem ersten großen Rennen, der regionalen Windsurfer-Meisterschaft in Berkeley, die Grundlagen der Wettsegelbestimmungen. Allerdings war Rick niemals so etwas wie ein Trainer. Er hatte ihm einfach die wichtigsten Regeln auf einen Zettel geschrieben und den 13jährigen losgeschickt. Das war deshalb unbedenklich, da es zu jener Zeit bei den Windsurfern in USA recht familiär zuging.
„Keiner meiner Eltern hat mich eigentlich zum Regattasegeln angehalten. Es war von Anfang an meine eigene Sache. Sie haben mir nie gesagt, was ich tun solle. Rückblickend war das wohl der Grund, warum ich immer so unbelastet war. Nur wenn ich sie fragte, sagten sie, was sie davon hielten. Ich konnte immer frei entscheiden.“
In Hawaii aufzuwachsen, ist mit viel Rowdytum verbunden. Die meisten fangen sehr früh an, Rauschgift zu nehmen und bleiben oft dabei. Die Jugendlichen sind unglaublich frei und ungebunden. Sie benehmen sich oft gewalttätig nicht nur gegeneinander, sondern werden leicht kriminell. Da bleibt kaum eine Familie verschont, denn der „Einfluß der Straße“ ist viel stärker als in Europa.
„Ich weiß nicht, wie ich es erklären soll, aber sie sind unglaublich ‚casual‘. Sie lehnen jegliche Formen ab. Sie nennen es ‚cas‘. Die meisten von ihnen bleiben in diesen Cliquen, treiben sich herum, haschen, feiern Parties

und gehen vielleicht ab und zu surfen. Bis ich mit dem Windsurfing anfing, war ich genauso. Ich hatte unglaublich schlechte Schulnoten, war ein Rowdy wie alle und tat nichts Gescheites.“

DER 18JÄHRIGE

Robby Naish ist kein Kind mehr. Wenn man ihn heute sieht, kann man kaum glauben, daß er immer noch bei den Leichtgewichten in der Windsurferklasse starten darf. Sein Körper ist athletisch durchtrainiert und entwickelt und mit 1,82 m ist er alles andere als klein. Im Sommer 1981 hat er die High School beendet und Hawaii verlassen, um aufs College zu gehen. Ein wichtiger Lebensabschnitt ist beendet und man ist gespannt, wie sich der Sportler Robby Naish weiter entwickelt. Jedenfalls ist er in diesem Jahr auf dem Höhepunkt seines Könnens. Grund genug, um seinen perfekten Fahrstil in Wort und Bild darzustellen und den Versuch zu unternehmen, etwas von dieser Perfektion weiterzuvermitteln. Selbst wenn in den nächsten Jahren der Name Robby Naish in keiner Siegerliste mehr erscheinen würde, weil Robby deutliche Ermüdungszeichen bei windarmen Regatten im olympischen Dreieck erkennen läßt und weil für die Disziplinen, in denen er der ungekrönte König ist, nämlich Brandungssurfen, kaum oder zu wenig Wettbewerbe existieren, so wird sein Fahrstil und seine Brettbeherrschung doch für Jahre den Windsurfing-Sport beeinflussen und weiterentwickeln.
Ob der 19jährige College-Student den vielfältigen Einflüssen seines neuen Lebensabschnittes gewachsen sein wird und seine sportliche Höchstleistung weiter erhalten kann, ist eine Frage von zigtausenden Naish-Fans. Für sie ist Robby der „Kaiser Franz“ des Windsurfing: eine geradezu charismatische Figur, die deshalb ständig neue Bewunderung erfährt, weil sie alles so viel gekonnter, lässiger und präziser als andere gute Surfer macht. So elegant wie Beckenbauer den Ball über das Feld treibt, so scheint Robby über das Wasser zu schweben. Und wie man Beckenbauers Spiel noch

Die Twin Islands vor Lanikai, am Abend und am Morgen ein Windsurfing-Traum.

Strandleben in Kailua beginnt am Morgen um 6.00 Uhr mit dem Joggen. An Sonntagen wird es voll.

250
250

am Fernsehen erkennen kann, wenn das Bild vor Unschärfe flattert, so bleibt Robby's Stil selbst dann noch erhalten und erkennbar, wenn etwa Surfhändler Fotos von seinen Sprüngen zu Anzeigen in schwarzweiße Schattenrisse umsetzen.
Diese ästhetische Überlegenheit ist auch der einzige Grund, warum ein ganzes Buch über Robby Naish nicht langweilig wird. Wenn man für jede Disziplin: Regattasurfen, Manöver, Tricksurfen, Springen und Wellenreiten die besten fünf Surfer des vergangenen Jahres auswählen wollte, so wären zwar mehr Gesichter, aber nicht unbedingt besserer Fahrstil zu sehen.

AMATEUR ODER PROFESSIONAL

Bei so viel Erfolg bleiben die Angebote von kommerzieller Seite natürlich nie aus. Nicht nur Segelbrett-Hersteller bemühten sich, sondern Sportswear-Firmen, Getränkemarken bis hin zu Surfboard-Herstellern. Doch bisher hat Robby alle diese Angebote ausgeschlagen. Er ist ein reiner Amateur geblieben, obwohl dies wegen der beruflichen Verquickung seines Vaters mit einem Segelbrett-Hersteller nicht immer so aussah. Natürlich wurden seine Spesen gedeckt, wenn er in Europa oder sonstwo bei Regatten auftrat. Aber kein monatlicher Scheck hat ihn bisher zu einem Firmenangestellten gemacht, wie bei so vielen anderen Surfern, die heute auf den vorderen Plätzen der Offenen Klasse erscheinen. Doch der 18jährige weist Spekulationen nach einem zukünftigen Engagement auf Profi-Ebene nicht mehr so überzeugt von sich, wie noch vor einigen Jahren. Das leichte Geldverdienen um ihn herum hat ihn nachdenklich gemacht, ob denn in olympischen Ehren, zumal auf einem Brett, das ihm überhaupt nicht in den Kram paßt, der letzte Sinn seiner sportlichen Karriere zu sehen ist.
„Wenn ich daran denke, daß 1984 in Los Angeles mein möglicher Start für die USA von einer einzigen Qualifikationsregatta abhängig ist, die laut amerikanischen Olym-

piabedingungen jeder, auch der beste Surfer, absolvieren muß, frage ich mich, ob das für mich noch einen Sinn hat. Eine Erkältung oder eine Verletzung oder schlicht das Pech könnten dann 4 Jahre Olympiavorbereitung zunichte machen. Ich weiß noch nicht, ob ich das wirklich will.“

In USA, wo der Windsurfing-Sport im Jahre 1980 erst seinen wirklichen Durchbruch erlebte und jetzt enorme Wachstumsraten ähnlich wie in Europa vorlegt, sind prominente Sportler den Versuchungen der Industrie noch viel mehr ausgeliefert, als in Europa. Fast wöchentlich tauchen in Kailua Filmteams der großen Werbebudgets auf, um für Fernsehspots und Anzeigenwerbung heiße Sprungfotos zu schießen. Da sitzt der Dollar locker für den, der bereit ist, sein Konterfei für diese Werbung zur Verfügung zu stellen. Wäre der Windsurfingsport im Bereich von Fun-Regatten weiter entwickelt, würden also die Zuschauer und Fernsehteams Wettkämpfe serviert bekommen, die im direkten Vergleich der Stars das sportliche Können messen würden, so wäre kein Zweifel daran, daß Robby Naish, der Ingemar Stenmark oder Björn Borg des Windsurfing, bald zu den Großverdienern gehören würde. Doch da der Sport nun olympisch von der IYRU vereinnahmt wurde, ist zu dem sich anbahnenden Professionalismus ein Gegenpol entstanden. Die Frage also, ob ein Sportler wie Robby Naish zum Profi wird oder ob es bei dem verdeckten System des regattasurfenden Firmenangestellten bleiben wird, ist also auch eine Frage nach der Entwicklung des Windsurfing-Sportes in diesem Bereich. Sicherlich wird auch dieses Buch mit seinen Fotos die Forderung unterstützen, endlich eine Abteilung des Sports zu organisieren, die sich dem Brandungssurfen und Freestyle annimmt. Denn sicherlich verträgt dieser Sport das enge Korsett olympischen Regattasegelns nicht – es sei denn, man wolle das Dreieck dem Amateur und die zuschauerträchtigen neuen Wettbewerbsformen dem Profi vorbehalten.

ROBBY'S WICHTIGSTE REGATTEN

1976: 1. Platz Hawaii Regional Championships, Kailua
2. Platz National Windsurfer Championships, Berkeley/California
1. Platz Windsurfer World Championships, Bahamas, 1976

1977: 1. Platz Windsurfer World Championships, Sardinia

1978: 1. Platz Windsurfer World Championships, Cancun/Mexiko
2. Platz Hawaii World Cup Regatta, Kailua
1. Platz Schweizer Mistral Meisterschaft, St. Moritz
1. Platz Offene Klasse Marathon, St. Moritz

1979: 1. Platz Mistral Europameisterschaft, Gardasee
1. Platz Internationale Windsurfer Championships, Clearwater/Florida
1. Platz 27 Miles Marathon, Kailua/Hawaii
3. Platz Windsurfer World Championships, Porto Hydra/Greece

1980: 1. Platz PanAm Cup, Kailua/Hawaii
1. Platz San Francisco Bay Crossing, San Francisco
1. Platz Open Class Berkeley Marathon, Berkeley/California
1. Platz Western United States Open Class Championships, Berkeley/Cal.
5. Platz Windsurfer World Championships, Bahamas
3. Platz Pentatlon Windsurfer Worlds, Bahamas

1981: 2. Platz PanAm Cup, Hawaii
1. Platz Maui Speed Crossing*

* Letztes Rennen vor Erscheinen dieses Buches.

II. GUTE MANÖVER – VORAUSSETZUNG ZUM REGATTAFAHREN

Wer von Robby Naish surfen lernen will, muß sich zunächst mit seinem Stil auseinandersetzen. Denn sein Fahrstil ist der Schlüssel zu seinem Erfolg. Und wer es schafft, diesen Fahrstil zu adaptieren, d.h. also für seine eigenen Körpermaße, für sein Gewicht und seine persönliche Haltung „passend zu machen", der wird ein ähnlich gutes Ergebnis erzielen. Jedenfalls wird man deutlich schneller und effizienter surfen als vorher.

DER UNTERSCHIED ZUM SEGELN

Ein Segelbrett – das weiß jeder erfahrene Surfer – ist ein dynamisches Kraftsystem, bei dem der Trimm des Segelgerätes entscheidend vom Trimm des Surfers selbst abhängt.
Um den Unterschied zum Segeln zu verdeutlichen: Wenn zwei Segelboote einer One-design-Klasse keine Materialunterschiede haben, dann wird ein schlechter Segler einem guten deshalb leichter folgen können als beim Surfen, weil ein Segelboot erheblich weniger gewichtsanfällig ist. Beim Segeln kann man die Geschwindigkeit des Bootes mit Hilfe aller möglichen Trimmvorrichtungen „einstellen".

Bild nächste Doppelseite (Seite 28–29)
An diesem Bild wird Robby's lockerer und effizienter Fahrstil erkennbar:
Obwohl es sich nicht um einen getunten Windsurfer handelt, steht er hinten und greift den Gabelbaum entsprechend weit hinten. Das Segel ist deutlich nach achtern geneigt und steht im idealen Winkel zum scheinbaren Wind. Man spürt geradezu den „speed", den Robby hier vorlegt.

Dann muß man, vereinfacht ausgedrückt, nur noch steuern. Selbst beim sehr sportlichen Jollen- und Catamaransegeln ist diese Aussage tendenziell richtig.
Der entscheidende Unterschied ist jedoch noch ein anderer. Ein Segler kann sein Gewicht nicht reduzieren. Der dynamische Auftrieb seines Bootes und seine Geschwindigkeit können zwar durch Ausreiten verbessert werden, immer jedoch wird das Boot krängen. Es wird sich nach Lee neigen, die projizierte Segelfläche wird kleiner werden, die Geschwindigkeit abnehmen.
Anders beim Surfer.
Indem er das Segel nach Luv überzieht, verkleinert sich zwar auch die Segelfläche (Projektion), jedoch erhält das „Boot samt Mannschaft" gleichzeitig „Lift".
Der Auftrieb im flügelartigen Segel kompensiert teils erheblich die reduzierte Segelfläche, reduziert gleichzeitig das Gewicht des Surfers und das des Surfgeräts und treibt den Rumpf in Geschwindigkeitsbereiche, die bisher nur bei Catamaranen vorkommen.
Je besser ein Surfer es also versteht, dem Segel „Lift zu geben", desto früher wird sein Brett ins Gleiten kommen und um so schneller wird er sein.

DER DRITTE FUSS

Es hört sich trivial an, wenn zunächst festgestellt wird, daß ein Surfer sein Gewicht auf seine beiden Füße verteilen kann. Dies tut auch ein Segler, wenn er sich einmal mehr auf den linken und einmal mehr auf den rechten Fuß stützt.
Ein Surfer dagegen hat einen dritten Fuß, auf den er sein Gewicht verlegen kann, nämlich auf den Mastfuß.
Dies dürfte für viele Surfer eine neue Entdeckung sein.
Und gleichzeitig liegt hier das Geheimnis für schnelles Surfen, ganz besonders auf Funboards. Wer das Foto auf dieser Seite aufmerksam studiert, wird erkennen, daß Robby hier ungefähr zur Hälfte sein Körpergewicht auf die eigenen Füße und zur Hälfte auf den Mastfuß verlagert hat.

Dadurch wird er in dieser Situation vermeiden, daß die Welle unter ihm durchläuft. Die Gewichtsverlagerung ist hier also eine spezielle Technik, den Surfvorgang einzuleiten. Auf Halbwind- oder Am-Wind-Kursen dagegen bringt die Gewichtsverlagerung ebenfalls Vorteile. Dort wo der Mastfuß sitzt, haben die meisten Boards nicht nur die breiteste Stelle, sondern aufgrund des Rockers trifft hier das Board auf die Wellen auf und erzeugt dadurch ständig Auftrieb. Hier verträgt es also am ehesten zusätzliches Gewicht.

Nun könnte man argumentieren, daß man dann ja gleich mit beiden Füßen in Mastfußnähe stehen sollte. Dies ist bei einigen Verdrängern und Allroundboards auch nicht falsch, bei Funboards mit planer Gleitfläche im hinteren Drittel dagegen steht man aufgrund des Boarddesigns, das höhere Geschwindigkeiten erlaubt, automatisch hinten und kann auch nur hier das Brett mit den Füßen steuern.

Man kann also sagen, daß die maximale Geschwindigkeit auf gegebenen Kursen von der Gewichtsverteilung des Körpergewichts auf die eigenen Füße und den Mastfuß abhängt.

Wer schnell fahren will, muß immer die optimale Verteilung seines Gewichts aus sich heraus trimmen.

Denn einfach ist dieser Stil nicht. Er erfordert eine gute sportliche Konstitution und viel Training.

DIE SCHNELLE WENDE MIT MASTTECHNIK

Bei der folgenden Bildserie muß man vorausschicken, daß Stil und Technik nur richtig gewürdigt werden können, wenn man beachtet, daß es sich hier um ein Funboard mit weit zurückliegendem Schwertkasten handelt. Eine Wende ist auf einem solchen Board etwas völlig anderes, als auf den üblichen Allroundboards.

Wegen des weit nach hinten verschobenen Lateralplans halsen sie zwar leicht, aber um so schwieriger ist eine schnelle Wende. Man muß

1. Auf Funboards muß die Wende viel energischer eingeleitet werden.

2. Das Segel so dicht wie möglich flach über das Wasser ziehen.

3. Mit den Füßen das Heck belasten und die Leekante zusätzlich einsetzen.

4. Mit schnellem Sprung nach vor den Luvsturz vermeiden.

deshalb die Wende in jeder Beziehung intensiver einleiten:
- das Unterliek wird besonders flach über das Wasser gezogen,
- das Körpergewicht wird währenddessen möglichst auf den hinteren Fuß verlagert, der gleichzeitig die Leekante des Boards belastet.
Der schwierigste Moment kommt dann, wenn das Board im Wind steht, also ohne Druck im Segel und man selbst noch ganz hinten. Dann ist der Weg um den Mast herum doppelt so weit wie normalerweise.
Mit einem großen Schritt muß man sich vor den Mast retten, bevor man nach Luv fällt.
Dabei geht der Griff zum Mast und nicht zum Gabelbaum. Diese Masttechnik verwendet man vor allem deshalb, weil für guten Stil der Gabelbaum hoch gefahren wird und man

Wenn man eine solche Wende zu langsam macht, hat das Funboard sogar die Tendenz, durch das Schwenken des Segels gegen den Wind (Bild 5) abzustoppen, statt weiter zu drehen.
Dann kann es vorkommen, daß das „Vorschiff" unter Wasser gerät, bevor man weitersegeln kann.
Deshalb muß man sich angewöhnen, die Wende auf einem Funboard immer zügig und schnell zu machen, da sie sonst zu schwierig ist.
Bei den ganz kurzen Speedboards, die vorn sowenig Volumen haben, daß sie niemanden tragen, ist es sogar besser, die übliche Wende durch eine Tauchwende zu ersetzen, was bei Segeln mit hochliegendem Baumnock einfacher als sonst ist.

5. Zum Mast und nicht zum Baum greifen.

6. Das Segel gegen den Wind weiter schwenken und gleichzeitig das Board mit dem Fuß durch den Wind drehen.

7. Keine Fahrt verlieren, da der Bug sonst leicht absackt.

mit der Hand am Gabelbaum viel zu große Schwenkbewegungen machen müßte.
Auf Bild 7 und 8 sieht man, wie Robby das Board noch zusätzlich mit dem Fuß durch den Wind drücken muß, da es von selbst nicht genügend dreht.

Wer Regatten gewinnen will, muß lernen, eine Wende nicht nur schnell, sondern auch ohne großes Risiko durchzuführen. Deshalb sollte man vor einer Regatta das schnelle Wenden eine viertel Stunde lang üben.
Das ist ein sehr gutes Aufwärmtraining.

DIE HALSE AUF TRADITIONELLE ART

Beim Surfen ist es ähnlich wie beim Skifahren oder anderen Sportarten; bevor man ein Manöver radikal und schnell fahren will, muß man es bei wenig Fahrt elegant und sicher beherrschen.

Wer also, fasziniert von einer Speedhalse, anfängt, diese Art der Halse zu üben, sollte erst einmal die traditionelle Halse beherrschen. Dabei meinen wir jedoch nicht die Schulhalse, bei der das Segel an der Startschot über das

Board gezogen wird, sondern die Halse mit Masttechnik. Wenn das Board durch den Wind geht, greift die alte Segelhand zum Mast und schwenkt das Segel über den Bug (Phase drei).

Gleichzeitig holt die neue Segelhand das Segel dicht, und die Masthand wird ebenfalls den Gabelbaum ergreifen. Wer genügend übt, wird das Manöver bald in gleichmäßigem weiten Bogen fahren können.

DIE POWER-HALSE

Was die Erfinder dieser Halse, unter denen Robby einer der einfallsreichsten ist, mit dem Ausdruck „power jibe" umschreiben, erklärt schon das Wesentliche:
In keinem Moment der Halse darf der Segeldruck nachlassen und der Bogen, wie eng auch immer, soll mit „full speed" durchfahren werden.
Dieses Manöver ist so faszinierend, daß jeder Surfer, der einen der Cracks einmal in Aktion sah, zu üben anfängt. Segler, die bisher über die immer etwas wackelig aussehenden Wenden der Surfer geschmunzelt haben, wundern sich plötzlich, wie schnell man von einem Bug auf den anderen kommt.
Bevor man in der Brandung mit dem Halsen beginnt, sollte man erst einmal auf flachem Wasser üben.
Allerdings ist die Power-Halse an der Steilwand der Welle noch viel eindrucksvoller.

INNENKANTE BELASTEN

Der grundlegende Unterschied zwischen einer normalen Halse und einer Power-Halse ist der Kanteneinsatz.
Während man nämlich normalerweise das Board auf der Außenkante des zu fahrenden Bogens, also auf der Luvkante, belastet, belastet man bei der Power-Halse die Innenkante.
Nun wird einem dies nicht gelingen, wenn man ein Schwert benutzt. Dann will das Brett um das Schwert drehen, wird also eine auf der Innenkante eng gezogene Bahn nicht zulassen.
Mit Schwert muß also die Außenkante belastet werden, was weniger rasant und elegant aussieht.
Hat das Board dagegen nur Finnen, kann man es um die Finnen drehen und die Power-Halse entsprechend auf der Innenkante fahren.

DREI PHASEN IN EINEM BEWEGUNGSABLAUF

Beim Üben der Power-Halse muß man versuchen, die drei Phasen: Abfallen,– durch den Wind drehen und – Schiften des Segels – in

einem harmonischen Bewegungsablauf hinzubekommen.

PHASE I: ABFALLEN

Der Surfanfänger lernt, daß die Halse durch Verlagerung des Segeldruckpunktes nach vorn eingeleitet wird. Dies kann man hier fast vernachlässigen. Die beste Vorübung für die Power-Halse besteht darin, auf Halbwind die Leekante so zu belasten, daß allein dadurch das Board deutlich abfällt.
Je mehr man nun dabei sein Gewicht nach hinten bringt, desto radikaler wird das Board abdrehen.
Das Segel wird zunächst dicht gehalten und erst dann gefiert, wenn das Board vor den Wind geht. Im gleichen Moment legt man sich wie ein Motorradfahrer oder auch Wasserskiläufer in die Kurve, um den Zentrifugalkräften entgegenzuwirken.

PHASE II: DURCH DEN WIND DREHEN

Während man so die enge Kurve weiter durchfährt, läßt man das Segel unbedingt, wie nebenstehend zu sehen ist, mit dem Baumnock nach vorn Wind aufnehmen.
Gleichzeitig müssen nun die Füße auf der anderen Seite postiert werden.
Man segelt also erst fast bis auf Halbwind, bevor man das Segel vom Wind herumschlagen läßt.

PHASE III: SCHIFTEN DES SEGELS

Wer geübt hat, mit dem Baumnock voran auf Halbwind zu fahren, wird im letzten Teil der Power-Halse nicht mehr die größte Schwierigkeit erblicken. Man läßt eigentlich nur noch den Wind für sich arbeiten. Die in dieser Situation vordere Segelhand läßt den Baum los und greift gleichzeitig zum Mast. Das Segel schnellt herum und auch die andere Hand gibt den Baum frei. Das Segel wird nach Luv gegen den Wind geworfen und beide Hände ergreifen

blitzschnell den Baum auf der anderen Seite. Natürlich wird jeder erst ein paarmal baden gehen, bevor er ein Gefühl für das richtige Maß an Kurvenneigung entwickelt hat. Auch wird anfangs die Harmonie der Bewegung noch fehlen.

DER WASSERSTART

Der Wasserstart und der danach folgende Waterdrag (Nachschleifen der Beine) sind eigentlich keine Manöver, sondern ein besonders elegantes Wiedergutmachen von Fehlern. Wo ein wenig geübter Surfer mühsam wieder auf sein Board klettern muß, das Segel erst einmal von Luv nach Lee zieht, was bekanntlich bei viel Wind ein zeit- und kraftraubendes Unterfangen ist, verhelfen Wasserstart und Waterdrag dem Geübten zu einer schnellen und überraschenden „Wiedergeburt aus den Fluten“ (recovery).
Wer deshalb als Regattafahrer den Wasserstart nicht beherrscht, vergibt möglicherweise wichtige Plätze aus einem geringfügigen Fehler. Denn immer mal kann es vorkommen, daß man bei böigem Wind oder seitlich einfallenden Wellen einen Luvsturz macht. Mit einem Wasserstart ist man schnell wieder auf dem Brett und spart dabei eine Menge Kraft.
Nur der Anfänger läßt bei einem Luvsturz das Segel sofort los, weil er Angst hat, unter das Segel zu geraten. Der gute Surfer versucht noch im Fallen, das Board aus dem Wind zu drehen, weil der Wasserstart nur dann klappt, wenn das Board mindestens auf Halbwind-, besser noch auf Raumschotkurs liegt.
Wenn der Luvsturz hoch am Wind passiert, versucht man, ähnlich wie beim Start aus knietiefem Wasser, das Board durch Steuerung mit dem Segel abfallen zu lassen, indem man das hintere Bein aufs Brett bringt und dadurch das Board vorn aus dem Wind drehen kann, weil es dort nicht gehalten wird.
Sobald man mit dem hinteren Fuß das Board richtig im Wind hält, wird nach kurzem Auffieren kräftig dichtgeholt und gleichzeitig der Körper aus dem Wasser aufs Brett gezogen. Schwierigkeiten macht dieses „Manöver“ eigentlich nur, wenn man den Gabelbaum sehr hoch fährt. Dann muß man vorn die Startschot greifen und hinten eventuell das Segel am Unterliek fassen.

Während der hintere Fuß das Brett festhält, kann das Board aus dem Wind auf Raumschotkurs drehen.

Nach kurzem Auffieren wird kräftig dichtgeholt und oben ist man.

In voller Fahrt... *läßt Robby die Beine schleifen...*

DER WATERDRAG

Deutlich schwieriger als mit Hilfe des Wasserstarts ist ein „über Board gehen“ mit dem Waterdrag wieder gut zu machen.
Wie man sieht, setzt Robby hier seine Fahrt eigentlich ohne große Beeinträchtigung fort.
Der Waterdrag ist also ein Ausrutscher, der stehenden Fußes ausgebügelt wird und dabei sehr gekonnt aussieht. Deshalb ist er im Freestyle bei viel Wind einer der wenigen Tricks, die möglich sind.
Man braucht mindestens fünf Windstärken, um den Trick einwandfrei zu beherrschen.
Man sollte ihn jedoch als Regattafahrer trainieren, da bei Starkwindregatten ohne Fußschlaufen eine solche Situation leicht auftreten kann.
Wenn einem in voller Fahrt die Beine von überkommendem Wasser weggerissen werden, gibt es nur noch die Rettung, mit gekonntem Waterdrag wieder aufs Brett zu kommen.
Bild 1 zeigt rasante Halbwindfahrt.
Wie man erkennen kann, leitet Robby den Waterdrag absichtlich ein, indem er die Beine ins Wasser hängt. Auf Bild 2 und 3 haben beide Beine keinerlei Kontakt mehr mit dem Brett. Der Körper biegt sich durch, damit der Widerstand der Beine möglichst gering ist.
Mit kräftigem Dichtholen beider Arme finden die Beine wieder zurück aufs Brett und die Fahrt kann ungestört weitergehen. Dabei hat das Board nur geringfügig angeluvt.

GEWICHTSVERLAGERUNG AUF DEN MASTFUSS

Das Wichtigste beim Waterdrag ist die Gewichtsverlagerung auf den Mastfuß.
Gelingt es, nach dem Wegrutschen der Beine die aufrechte Maststellung beizubehalten und das eigene Körpergewicht auf den Mastfuß zu stemmen, so luvt das Brett nicht an, fährt also mit voller Geschwindigkeit weiter und ermöglicht dem Surfer, den Waterdrag erfolgreich zu beenden.
Wenn dagegen das Segel nach hinten kippt, wie auf dem unteren linken Bild, so ist ein Hochkommen meistens unwahrscheinlich.
Das Brett wird in den Wind schießen, bevor man wieder oben ist.
Dann gibt es nur noch die Möglichkeit, mit einem Wasserstart neu zu beginnen.

holt kräftig dicht…

und ist wieder auf dem Brett.

Das Board hat nur wenig angeluvt.

Wenn der Mast erst einmal nach hinten gekippt ist, wird's schwer, wieder hochzukommen.

Wenn dagegen das Gewicht voll auf dem Mastfuß ruht, klappt der Waterdrag meistens.

Von vorn erkennt man, wie Robby abfallen läßt, obwohl er gar nicht mehr auf dem Brett ist. Auf Raumschotkurs hat das Segel den größten Vortrieb und erlaubt das Nachschleifen der Beine für einen Moment.

Bilder drei und vier zeigen den entscheidenden Augenblick, wo er sich wieder hochzieht.

III. BESSER SURFEN DURCH REGATTAFAHREN

Selbst unter engagierten Surfern begegnet man oft der Meinung, daß Regattafahren eine ziemlich langweilige Sache sei, von der man persönlich wenig Nutzen habe. Das einzig Wahre sei, „nur so zum Spaß zu surfen".

An dieser Einstellung, obwohl sehr subjektiv, ist grundsätzlich wenig auszusetzen. Soll jeder auf seine Weise glücklich werden. Doch einen Haken hat die Sache dann, wenn gleichzeitig unverhohlen der reine Freizeitsurfer zu erkennen gibt, wie wenig er vom Fahrkönnen gewisser Regattafahrer überzeugt sei. Er habe ja gerade noch einen solchen mit Volldampf überholt und überhaupt sei Regattafahren stupide.

Man kann solche Maulhelden nur herzlich einladen, eine Regatta einmal von Anfang bis Ende durchzuhalten und den Zeitabstand zwischen sich und den besseren Regattafahrern aufzeichnen zu lassen.

Das Ergebnis dürfte schockierend für sie sein. Denn eines ist sicher, Regattafahren macht bessere Surfer.

Das beginnt bei der Grundgeschwindigkeit und geht über Höhelaufen bis zum Manöver, wo Regattafahrer in der Regel einfach besser sind. Denn was den Unterschied ausmacht, ist folgendes:

Ein Regattafahrer hat gelernt, auf kürzestem Weg Punkte anzufahren. Während man sonst doch wohl der Winddrehung nachgibt und sich die Wellen aussucht, wie sie am einfach-

Nächste Doppelseite
„Start zum PanAm World Cup" (Seite 54–55).
So gewinnt man Regatten vom Start weg. Eine Startlinie mit Steuerbordbevorzugung: Also starten die meisten auf Steuerbord. Robby hingegen startet mit Vorfahrtsrecht auf Backbordbug, jedoch weit unten an der Steuerbordboje. So hat er Wegerecht, und nachdem er als erster weggekommen ist, kann er schnell eine Wende machen und das Feld anführen.

71
45
20
110

Was hier Robby Naish und Karl Messmer

vorführen, ist der Kampf um die Idealposition am Start.

Robby erkennt, daß er schon mit einem Handicap starten müßte.

sten sind, muß sich ein Regattafahrer zum Ziel kämpfen. Hierbei entwickelt er einen viel konzentrierteren und effektiveren Fahrstil als normale Surfer.
Dabei sind taktische Momente der Regatta- und Vorfahrtsregeln noch gar nicht berücksichtigt.

Auch schärft das Regattasurfen natürlich das Gefühl für den Wind, eine Fähigkeit, die von vielen Surfern noch wenig entwickelt wurde. Wenn also hier Regattafahren empfohlen wird, so nicht als Wert an sich, sondern als Mittel zum Zweck. Denn besser surfen wollen wir doch alle.

KEIN ANSPRUCH AUF VOLLSTÄNDIGKEIT

Um Mißverständnisse beim kritischen Leser von vornherein zu vermeiden, sei betont, daß die folgenden Regattasituationen und Manöver keineswegs einen Anspruch auf Vollständigkeit erheben.

Es sind im Gegenteil nur einige wenige Situationen beschrieben und dargestellt, allerdings solche, die immer wieder neu auch erfahrenen Leuten Probleme machen.

Meistens handelt es sich um Bojenmanöver. Denn obwohl man an der Boje nirgendwo ein Tor erkennt, verhalten sich alle Segler gleich: Sie umrunden die Bojen selbst im Pulk von mehreren Booten so eng, als ob dort noch eine imaginäre zweite Boje ein Tor bezeichnen würde.
Auf diese Weise wird die Bojenrundung zum Nadelöhr, durch das die ganze Herde hindurch muß. Und da gibt es dann das bekannte Gedränge und Geschubse und am Abend die Protestverhandlung.

Mit all den Vorfahrtsregeln, den möglichen Verstößen und den berechtigten oder unberechtigten Protesten wollen wir uns hier gar nicht befassen.

Halten wir es mit Robby Naish, der noch nie in seinem Regattaleben in einen solchen Protest verwickelt war, und üben wir, die Bojen so zu runden wie er, damit wir sie auch in schwierigen Situationen noch „packen".

Da nur noch wenig Zeit bis zum Start ist,

segelt er sein Brett ohne Kursänderung rückwärts in die Idealposition und kann von hier

seinen Gegner von Anfang an durch Abdekkung unter Kontrolle halten.

DIE IDEALPOSITION AM START

„Regatten werden am Start gewonnen", sagt eine alte Regel. Daran ist trotz unzulässiger Verallgemeinerung eine Menge wahr.
Bei wenig Wind und großen Feldern ist die Regel sogar absolut gültig. Wer einmal in die Abwinde der Vorderleute geraten ist, kann sich meistens nicht mehr früh genug frei segeln, um die führenden Surfer einzuholen. Denn unter gleich guten Surfern kann man durch taktische Schachzüge und perfekte Manöver im Laufe einer olympischen Regatta allerhöchstens einige hundert Meter gutmachen. Durch einen schlechten Start ist dieser Abstand schnell verschenkt.
Meistens sind es unerfahrene und aufgeregte Surfer, leider auch manchmal rücksichtslose, die einem den Start verderben. Man liegt etwa in guter Position an der Boje (meistens identisch mit Startschiff), wenn sich von oben andere Surfer hineindrängen. Da in Wirklichkeit, anders als im obigen Foto, die Startlinie aus vielen aufgereihten Surfern besteht, kann man durch eine Halse seinen Platz nicht mehr verlassen.
Man muß also rückwärts surfen. Ein Manöver, das man in Segelbüchern, die vom Regattafahren handeln, nicht findet. Was in der Seglersprache boxhauling heißt, ist ein Manöver, das die alten Frachtensegler im Hafen beherrschen mußten. Erst wir Surfer haben es wieder eingeführt. Mit dem Heck vorauszusurfen wird im Kapitel Tricks noch in allen möglichen Varianten vorkommen. Hier ist es auf eine Weise gezeigt, die als Rettung aus benachteiligter Startposition helfen kann.
Ein interessantes Problem dürfte in diesem Zusammenhang die Vorfahrtsregel sein.
Die Frage lautet nämlich: Hat Robby beim Rückwärtssegeln sein Segel noch auf Backbord oder gilt dies als Steuerbordbug?
Die Frage ist nur durch Definition zu lösen. Die Segler kennen meines Wissens nur Boote, bei denen Steuerbord und Backbord ein für allemal festliegen, nämlich rechts und links in Fahrtrichtung des Schiffes gesehen.
Für Surfer muß also neu festgelegt werden, ob beim Rückwärtsfahren die Benennung des Bugs bleibt oder geändert wird.
Eine Variante dieses Rückwärtssegelns, die man ebenfalls üben sollte, ist das Backhalten. Oft reicht dies nämlich schon aus, um kurze Strecken rückwärts zu segeln, um sich aus einer bedrängten Situation zu befreien.

Wie präzise man die Boje mit einer Power-Halse runden kann, ohne dabei Höhe zu verschenken, zeigt diese Serie

NEUE REGATTAFORMEN VERLANGEN GUTE HALSEN

Zählt man bei einer Segelregatta auf olympischem Kurs die Wenden und die Halsen, die ein Boot durchführen muß, so stellt man fest, daß die Segler, die den olympischen Kurs als Regattastrecke wählten, die Halse nicht mochten.
Denn ein solches Nachzählen wird (bei taktischen Rennen) mindestens 10 Wenden, oft deutlich mehr, und nur eine einzige Halse ergeben.
Die Halse wird nämlich nur einmal benötigt: an der Boje 2 auf dem Weg zur Boje 3.
Man kann die Segler verstehen!
Halsen auf Booten macht vergleichsweise wenig Spaß. Es ist ein Manöver, das schon ab Windstärke 5 in vielen Klassen nur noch von den besten richtig beherrscht wird. Beim Surfen dagegen, insbesondere auf Funboards, ist die Halse nicht nur das einfachere, sondern auch elegantere Manöver, das die besten in Form der Power-Halse (auch Wasserski-Halse genannt) bis zu einer Perfektion beherrschen, daß Segler nur noch ehrfürchtig staunen.
Auf olympischem Kurs benötigt ein Surfer die Halse natürlich auch nur einmal, es sei denn, er würde den Vorwindkurs wegen der Welle in Raumschotschlägen absegeln. Aber bei den modernen Wettkampfformen wie Bojenslalom, Ins and Outs usw. ist perfektes Halsen der Weg zum Sieg.

DIE POWER-HALSE VON DER SEITE GESEHEN

Wie man durch besseres Halsen in diesem Stil eine Regatta gewinnt, zeigte Robby beim PanAm Cup 1981 am letzten Tag. Durch einen gekonnten Steuerbordstart führte Frazer Black in den „Ins and Outs“ mit deutlichem Abstand vor Robby.
Es ging fünfmal auf einer Strecke von ca.

deutlich. Besser und schneller kann man die Boje nicht runden.

800 m durch das Riff. Die Boje, an der zu halsen war, lag draußen, mitten in einer meterhohen Dünungszone.
Zwei Runden hielt Frazer Robby deutlich auf Distanz, da die Geschwindigkeit der beiden identisch war.
Dann kam der entscheidende Moment.
Frazer halste nicht eng genug um die Boje herum und wurde von der Welle weit versetzt, so daß er auf dem Weg zurück nicht mehr den schnellsten Kurs wählen konnte.
Robby halste perfekt und konnte hier ca. 30 m gutmachen, die ihm zum Sieg ausreichten.

WIE MAN HALSEN ÜBT

Es hat sich inzwischen herumgesprochen, daß Halsen auf Funboards wegen des deutlich nach hinten verlagerten Lateraldruckpunkts einfacher ist, als mit herkömmlichen Allroundboards.
Eine entscheidende Vorübung für eine harmonische Halse ist jedoch auf Allroundboards eher noch einfacher zu üben, nämlich das Segeln auf Halbwind/Raumschots mit dem Schothorn voran.
Das geht so:
Man übt am besten bei einem vierer Wind. Um das Schothorn nach vorn zu bekommen, leitet man die Halse ein, drückt das Board mit den Füßen durch den Wind und läßt nun das Segel nicht herumschlagen, sondern segelt mit dem Achterliek voran auf Halbwindkurs weiter. Mit vollem Druck im Segel läßt man dann das Segel herumschnellen, um gleich wieder abzufallen und das Ganze zur anderen Seite noch einmal zu üben.
Wer dies perfekt beherrscht, kann anfangen, die Power-Halse zu trainieren, da dabei nämlich mit möglichst hoher Geschwindigkeit der Bugwechsel vollzogen werden muß. Sonst besteht die Gefahr, daß das Board hinten absackt, da die Fahrt nicht ausreicht, um im Gleiten zu bleiben.
Eine völlig andere Form der Halse bei wenig

Dies ist eine perfekte Halse an der Boje drei auf Vorwind bei wenig Wind.
Durch weiten Ausschlag des Segels wird eine enge Halse möglich.

Drei Surfer beim entscheidenden letzten Manöver vor der Zielkreuz.

Das erste Boot halst perfekt ...

Das zweite Boot ebenfalls ...

Das dritte dagegen ...

… und geht hoch an den Wind.

… macht einen zu geringen Steuerungsausschlag

… und verliert dadurch deutlich an Höhe.

Diese Serie verdeutlicht, wie das führende Boot beim Halsen abgedeckt wird und der fehlende Wind im Segel dazu

Wind, wo das Board nicht gleitet, ist nebenstehend zu sehen. Hier besteht die Schwierigkeit nicht im schnellen Wechsel des Bugs, sondern darin, durch einen Segelausschlag weit nach achtern den fehlenden Wind auszugleichen und, ohne Höhe zu verschenken, wieder auf die Kreuz zu kommen.
Dieses Manöver muß man dann beherrschen, wenn man in einer Regatta auf Vorwind den Bug gewechselt hatte und auf die Zielkreuz will.

ABDECKUNG BEI VORWIND AN DER BOJE

Auf dem Vorwindkurs haben die meisten Surfer so viele Probleme mit der Balance, daß taktische Momente meistens gar nicht zum Tragen kommen.

Das Abdecken eines Vordermanns kommt deshalb erst in der Nähe der Boje 1, auf dem Weg zur Zielkreuz, häufiger vor.

Alle, die sich vorher in respektvollem Abstand voneinander hielten, müssen nun auf engstem Raum ihre letzte Halse oder eine Wende durchführen.

Dabei geht es dem führenden Boot am schlechtesten. Es ist oft total abgedeckt und muß ohne Wind im Segel die Boje runden.
In der obigen Bildfolge setzt das führende Boot zur Halse an und gerät erst dabei voll in Abdeckung. Da kein Wind im Segel ist, fährt das Boot mit seiner vorher erzielten Geschwindigkeit geradeaus weiter. Ein Segelboot könnte eine solche Situation mit einem Ruderausschlag meistern, ein Surfer kann hier nur noch mit den Füßen steuern.

Um aus der Abdeckung heraus zu kommen, muß das führende Boot in den Wind drehen. Währenddessen zirkelt das zweite Boot elegant um die Boje herum, und auch das dritte kann mit einer Halse die letzte Boje runden. Was war der Fehler des führenden Bootes?

führt, daß es „aus dem Ruder läuft“.

Dagegen behindern sich die beiden folgenden Boote nicht und kommen gut um die Boje herum.

Offenbar wollte der Surfer noch vor der Boje halsen, um sich in die gleich gute Position wie sein Hintermann zu bringen. Unmittelbar hinter der Boje sollte wieder Höhe aufgenommen werden. Dabei wurde die Gefahr der Abdeckung falsch eingeschätzt. In diesem Fall wäre es sicher besser gewesen, die Boje steiler anzusegeln, um sie dann mit einer sehr engen Halse zu runden. Dadurch wäre die führende Position sicherlich erhalten geblieben.

BEHINDERUNG AN DER BOJE DURCH GESTÜRZTEN SURFER

Nicht selten kommt es vor, daß ein führender Surfer in einer solchen Situation wie oben die Kontrolle verliert und stürzt.
Dann ist die geglückte Abdeckung des Vordermannes kein Vorteil mehr, sondern eher ein Nachteil. Je näher man dem Stürzenden auf den Fersen ist, um so schlechter.

Deshalb ist es schon eine Überlegung wert, ob man die Abdeckung so weit treibt, daß der Führende in Sturzgefahr kommt. Denn wenn man selbst dabei stürzt, wie in der Serie auf den folgenden Seiten, hat man wenig davon. Die Wettsegelbestimmungen verlangen dann außerdem noch von dem Boot, das eine Berührung einer „Yacht in Havarie“ vornimmt, den berühmten Strafkreisel, und zwar vor dem Runden der nächsten Boje.
Also hätte in der hier (siehe Serie nächste Seite) gezeigten Situation das zweite Boot regelrecht zurücksegeln müssen, um vor dem Runden der Boje den Strafkreisel zu drehen.

Robby zeigt hier auf perfekte Weise, warum man fürs Regattafahren Manöver üben sollte. Er erkennt gerade noch rechtzeitig, daß der direkte Weg zur Boje versperrt ist, weicht aus und zirkelt dann in spitzem Bogen mit einer tollen Halse um die Gestürzten. Bevor diese sich aufrappeln können, ist er schon in führender Position.

Diese Szene kennt jeder Regattafahrer: Plötzlich stürzen vor einem zwei im Zweikampf befindliche Surfer und

Robby erkennt rechtzeitig, daß er innen nicht mehr vorbeikommt.

Bild 6 zeigt, wie er ausweicht und gleichzeitig hinter dem Hindernis im 90°-Winkel „auf dem Teller" halst…

man hat alle Mühe, nicht mit in den „Unfall" hin-

eingezogen zu werden. Dann muß man sein Brett wirklich perfekt beherrschen.

und die Boje als erster rundet.

Bevor die beiden „Kampfhähne" wieder auf dem Board stehen, ist Robby bereits auf Kurs zum Ziel.

VORWIND – BOJE DREI. WER KOMMT AM BESTEN AUF DIE KREUZ?

Natürlich ist das Manöver, das Robby hier vorführt, nicht „ungefährlich“. Denn sollte der führende Surfer in der Lage sein, seinen „Aufschießer“ eng genug zu machen, so ist der Verfolger gezwungen, links an der Boje vorbei zu surfen und erneut zu runden.
Der Führende kann also „die Falle zumachen“; denn er hat hier eindeutig Vorfahrt. Man sollte deshalb erst dann innen vorbeigehen, wenn genügend Platz da ist.

Auf diesen Bildern sieht man eine ebenso häufige wie lehrreiche Situation an der Boje drei. Wird das führende Boot seinen Vorsprung nutzen können oder nicht?
Der hier bewußt vorgeführte Fehler des füh-

Der Vorsprung des weißen Segels auf Bild 1 beträgt eine Bootslänge. Bei gleich guten Manövern müßte der Abstand also auch nach der Boje noch eine Bootslänge betragen. Doch das weiße Segel fährt die Boje zu dicht an (Bild 2) und beginnt deshalb das Manöver zu

renden Surfers ist bei Regattaanfängern häufig zu beobachten.
Die Boje wird auf Vorwind zu steil angefahren und kann nicht eng genug umrundet werden. Dadurch bekommt der Verfolger, der in besserem Bogen rundet, die Chance, sich über den Führenden zu legen und ihn zu überholen.

spät. Es wird deutlich mehr Höhe verloren als nötig. Das grüne Multicolorsegel dagegen umzirkelt die Boje in einem engen Radius ohne Risiko, sie zu berühren (Bild 4) und ist nach dem Bojenmanöver in verbesserter Position. Mit etwas Glück wird er das weiße Segel bald überholen und abdecken können.

Die beiden führenden Boote führen einen harten Zweikampf aus. Dabei gelingt es dem dritten Boot fast, auf

POSITIONSKÄMPFE UNMITTELBAR NACH DER BOJE AUF DER ZIELKREUZ

Wer als erster auf die Zielkreuz geht, hat sicher einen großen Vorteil, aber deshalb noch nicht die Regatta gewonnen.
Es kommt darauf an, seine Verfolger im Auge zu behalten. Sie könnten eine günstige Böe erwischen oder als erste von einer Winddrehung profitieren.
Deshalb sollte man in einer solchen Situation wie hier sofort wenden und die Vorfahrt auf Backbordbug ausnutzen.
Das zweite und dritte Boot ist nämlich gefährliche nahe herangekommen. Außerdem liegen beide höher am Wind (Bild 5).
Robby erkennt die Gefahr rechtzeitig, wendet und kann von seiner Vorfahrt Gebrauch machen.

und gleich höher an den Wind gehen.

Der noch führende Robby erkennt die Gefahr, macht

Kosten der beiden führenden, einen Platz gutzumachen.

Es kann nämlich (Bild 4 und 5) die Boje enger runden

In einer solchen Situation kann man im Zweifel durch schnelles und häufiges Wenden auch den Nachteil von geringerer Am-Wind-Geschwindigkeit oder geringerem Höhelaufen wettmachen. Allerdings muß man dann seinen Verfolger unter Ausnutzung der Wettfahrtregeln ständig abdecken und ihm den sauberen Wind nehmen. Sobald man ihn aus der Abdeckung läßt, wird er seine Vorteile ausspielen und vorbeisegeln.
Oft wird von Regattaanfängern solches Taktieren als unfair angesehen. Dabei übersehen sie, daß Surfen auf olympischem Dreieck, aber auch andere Regattaformen nach den IYRU-Wettsegelbestimmungen, solches Taktieren geradezu herausfordern.

„speed“ statt Höhe (Bild 5) und wendet sofort in die bevorzugte Backbordposition (Bild 6). Keiner der

Verfolger schafft es, noch vor ihm durchzufahren.

AMWINDKURS – BOJE 1 – VORWIND

Nach dem Start beginnt das eigentliche taktische Spiel. Wer schätzt den Wind und die Strömung richtig ein? Welche Seite ist bevorteilt?

Da diese Frage in vielen Revieren von Wettfahrt zu Wettfahrt neu zu stellen ist, hat Regattafahren in der Tat eine Menge mit Denksportarten wie Schach oder Skat zu tun. Man muß nachdenken und die verschiedenen Varianten richtig einschätzen. Denn auch den lokalen Wind kann man erkennen, wenn man den Sonnenstand und die Wolken beobachtet.

Nehmen wir also an, daß wir ohne Behinderung gut zur ersten Boje gesegelt sind, dann ist das Runden beim ersten Mal ein Kinderspiel, denn es geht raumschots zur Boje zwei. Erst beim zweiten Mal, wenn es auf Vorwind geht, wird die Boje 1 zum Problem.

Das führende Brett hat die Boje zu steil angefahren

Ein weitverbreiteter Fehler an der Boje 1, wenn es nach der zweiten Kreuz auf Vorwind geht. Das führende Boot mit weißem Segel segelt die Boje zu eng an. Dagegen fährt Robby mit blauem Multicolorsegel die Boje in flacherem Winkel

und verliert Abstand zu Robby (blaues Multicolorsegel), der die Boje im richtigen Winkel gerundet hat.

an und kann sie deshalb ohne Risiko eng runden.

Bild 5 zeigt, wie durch richtiges Runden ein Platz gut gemacht wurde.

DER STRAFKREISEL – EIN 720ER NACH TOUCHIEREN EINES GEGNERS.

Obwohl das behinderte Boot (weißes Segel) ohne Kursänderung und ohne Auffieren in voller Fahrt weiterfährt, gilt ein solches Touchieren als Behinderung und muß durch einen 720er wieder gutgemacht werden.

Zwar muß der Strafkreisel nicht sofort durchgeführt werden, sondern den Regeln entsprechend vor dem Runden der nächsten Tonne – Robby entschließt sich jedoch, sofort den Fehler wieder gutzumachen. Ohne Zeit zu verlie-

ren beginnt er den Strafkreisel (Bild 3). Sehr wichtig ist dabei, daß man möglichst wenig Höhe verliert. Bild 4 und 9 zeigen den jeweiligen Raumschotkurs zurück vom angepeilten Ziel bzw. der Boje 1.

Bild 5 und 10 beweisen, daß Robby auf diesem Raumschotkurs nur Bruchteile einer Sekunde bleibt, um durch einen Aufschießer (Bild 6 und 11) verlorene Höhe sofort wiedergutzumachen. Nach erfolgtem 720er nimmt er die Verfolgungsfahrt auf.

IV. ROBBY'S BESTE FREESTYLE-TRICKS

Robby Naish war nicht nur der erste Windsurfer, der Springen auf flachem Wasser entwikkelte, sondern auch der Erste, soweit bekannt, der das Brett auf der Kante segelte und damit sozusagen den Freestyle im Windsurfen begründete. Das war 1976 bei den amerikanischen Windsurfer-Meisterschaften in Berkley, wo der Dreizehnjährige erstmals auftauchte, um die Stars das Fürchten zu lehren. Dort wunderten sich der damals berühmte Matt Schweitzer und Mike Waltz, was dieser Dreizehnjährige ihnen zeigte.

Matt und Mike waren natürlich genau so begeistert wie alle anderen Windsurfer, die diesen Trick dann erstmals einige Monate später auf den Bahamas sahen.

Im nächsten Jahr versuchte jeder, der irgend etwas auf sich hielt, das Brett auf der Kante zu fahren. Und heute, nur 4 Jahre später, gehört dieser einfache Trick zum selbstver-

Robby überraschte 1976 als 13jähriger die Windsurfing-Welt mit dem Railride Trick.

ständlichen Repertoire jedes Surfers, der sich als fortgeschritten bezeichnen will.
Inzwischen ist das Kantefahren in allen möglichen spektakulären Varianten weiterentwickelt worden. Auch hier war es wiederum Robby, der durch immer verrücktere rail ride tricks seine Anhänger begeisterte.
„Für mich ist der rail ride und seine verschiedenen Varianten, der Trick, der mir am meisten Spaß macht. Bei Freestyle Wettbewerben ist es auch einer derjenigen, der die Leute immer am meisten beeindruckt."
Freestyle ist inzwischen eine eigene Disziplin geworden, zwar noch am Rand des Sports – von vielen Surfern als Akrobatentum und Zirkusvorstellung abgetan –, jedoch in einigen Ländern um so höher im Kurs, wie z.B. in Frankreich und USA.
Dort sind die Regatta-Stars oft auch sehr gute Freestyler. In Deutschland dagegen dürfte ein Freestyle Wettbewerb unter den besten 10 unterschied, ob man in 15° oder 25° warmes Wasser fällt.
Andererseits scheinen die Regattacracks in Europa eher in einer gewissen Tradition des Regattasegelns konservativer zu sein. Vielleicht auch deswegen, weil sie den Seglern zu beweisen hatten, daß ihr Windsurfer ein ernst zu nehmendes „Segelschiff" ist.
Inzwischen ist noch ein dritter Punkt hinzugekommen: Das Leistungsgefälle zwischen der internationalen Spitze im Freestyle und dem Können guter europäischer Regattafahrer ist so groß geworden, daß man wohl kaum einen Kombinationswettbewerb veranstalten könnte. Die Regattafahrer würden sich verweigern.
Was man nicht kann, mag man nicht gern. Und was man nicht mag, kann man immer weniger gut.
Freestyle kann nicht auf die Unterstützung des etablierten Sports hoffen.

Variationen des Railride: *liegend auf der Kante, Heck voraus.*

einer Regatta mehr das Amusement als die Bewunderung der Zuschauer finden.
Woher kommt diese eigenartige Diskrepanz? Sicherlich vor allem wegen unseres kalten und teilweise auch schmutzigen Wassers in Nord- und Mitteleuropa. Es ist eben doch ein Riesen-
Die Botschaft, die von Robby's ersten Freestyle Tricks um die Welt ging, hat jedenfalls ihr positives Ergebnis gehabt. Überall begannen die jüngeren Surfer dem Idol aus Kailua nachzueifern. Und inzwischen gibt es von Sydney bis Stockholm und von Okinawa bis Ottawa

Tausende von Tricksurfern, die immer wieder neue Varianten erfinden und Perfektionen von bekannten Tricks erzielen.

Eigentlich ist es höchste Zeit, daß Freestyle-Wettbewerbe ein klares, eigenes Reglement bekämen und nationale wie internationale Wettbewerbe veranstaltet würden.

Aber hier gerade fehlt es an Sponsoren und Organisatoren, die das Risiko von Mißerfolg nicht scheuen. Denn mehr als normale Regatten sind Freestyle-Wettbewerbe wetterabhängig. Zuschauer mögen keine Startverschiebung wegen Flaute – vor allem nicht, wenn sie etwa bezahlte Plätze eingenommen haben.
Dennoch wird es nicht mehr lange dauern, bis auch hier der Sport zuschauer- und fernsehgerecht aufbereitet wird. Und dann kann man sich vorstellen, daß Freestyle deutlich an Popularität zunehmen wird.

Allerdings wird es auch nötig sein, daß clownhafte Einlagen wie „Mastspitze nach unten" oder „Hochklettern am Mast" aus der Punktewertung fallen. Denn es muß vermieden werden, daß sich Ergebnisse von Wettbewerben am Publikumsgeschmack orientieren.

Mit dem Rücken zum Segel,

oder im Gabelbaum. Robby erfindet immer wieder neue Railride Tricks.

Ein Freestyler muß wissen, wieviel Punkte eine bestimmte Übung bekommt, und die Unsicherheit muß beschränkt bleiben auf Kriterien wie „Perfektion und Harmonie der Ausführung".
Insofern fehlt es dem Freestyle heute vor allem an einem klaren Reglement.

DER EINFACHE RAILRIDE

„Am Besten segelst du auf Halbwind- oder einem leichten Raumschotkurs. Zuerst hängst du deinen vorderen Fuß unter die Luvkante des Brettes und hebst die Kante hoch, während du gleichzeitig langsam in den Wind steuerst."
Am einfachsten ist dieser Trick zu lernen, wenn man bei Windstärke 4–5 ohnehin Probleme hat, die Luvkante des Boards unten zu halten, was bei Brettern mit langem Schwert besonders leicht auftritt. So hat schon mancher unfreiwillig den Railride gelernt, wenn er nicht entschlossen genug auf die Kante stieg und der Mastfuß im Brett blieb. Das ist überhaupt das wichtigste bei allen Railrides. Man

Die Stroboskop-Kamera erlaubt eine filmische Wiedergabe des Bewegungsablaufs in einem einzigen Foto. Das gleiche Bild wird mehrfach belichtet. Diese Technik ist jedoch nur bei Dunkelheit anwendbar, da sonst eine totale Überbelichtung des Fotos entsteht.

1

Der Railride vorwärts, wie er heute von vielen guten Surfern beherrscht wird.

muß den Mastfuß so fest im Brett haben, daß er wirklich nicht mehr heraus kann. Der Mastfuß muß also absolut fest sitzen.
„Ein guter Tip für Anfänger ist vor allem auch, mit dem vorderen Fuß einfach aufs Schwert zu steigen, natürlich möglichst nah am Brett, das hilft die Balance zu halten. So habe ich es am Anfang gelernt. Auf diese Weise kannst du doppelt so weit auf der Kante fahren, ohne Probleme zu haben.“

RAILRIDE LEEKANTE OBEN

Die meisten Zuschauer merken oft gar nicht, wenn jemand beim Freestyle-Wettbewerb auf der Leekante steht. Allerdings ist dieser Trick erheblich schwieriger als ein normaler Luvkanten-Railride. Es gibt jedoch einige Bretter, die bei etwas mehr Wind die Tendenz haben, mit der Leekante hochzukommen, oder anders ausgedrückt, deren Luvkante zumindest tiefer im Wasser hängt als die Leekante, wie z.B. der Windglider.
Noch wichtiger als bei den übrigen Railraides, ist beim Leekantenfahren die Befestigung des Mastfußes im Brett.
„Zunächst knall deinen Mastfuß so fest wie möglich, denn diesen Trick kann man nur fahren, wenn man das Brett gegen den Mast lehnt. Du startest wieder auf einem Raumschotkurs und diesmal setzt du deinen hinteren Fuß auf die Leekante. Während du mit dem vorderen Fuß die Luvkante ins Wasser drückst, zieht der hintere Fuß die Leekante hoch, wie man auf Foto 1 und 2 dieser Serie sieht. Sobald das Brett stabil auf der Kante fährt, ziehst du auch deinen vorderen Fuß hoch, damit beide Füße auf der Kante sind. Meistens fällt man bei diesem Trick nach hinten ins Wasser. Man muß verdammt lange üben, bis man seine Balance perfekt beherrscht, denn sobald das Brett auf der

Auf der Leekante den Railride ...

Und hier der Railride rückwärts, der beim Start schwieriger ist.

Kante fährt, neigt es dazu, sofort in den Wind zu drehen. Du mußt deswegen mit deinem vorderen Fuß vor den Mast steigen, um es daran zu hindern. Der Mast ist also ungefähr zwischen dem vorderen und dem hinteren Fuß. Wenn das Brett so weit in den Wind dreht, daß du Gefahr läufst herunterzufallen, mußt du schnell versuchen, es von der Kante wieder herunterzubekommen. Lehne dich etwas zurück und drück mit beiden Füßen, so fest du kannst. Manchmal muß man 2–3 Versuche machen, bis man das Brett wieder unten hat.“

EINFACHER RAILRIDE RÜCKWÄRTS

Das Kantefahren rückwärts ist etwas schwerer beim Start als der Railride vorwärts, aber ist oft dann, wenn man auf der Kante steht, einfacher zu segeln.

„Du beginnst zunächst wie beim einfachen Railride, also etwa auf Raumschotkurs, und segelst das Brett mit dem Heck voraus. Dann wiederum mit dem vorderen Fuß unter die Kante, etwas anluven und die Kante mit dem Fuß hochziehen.

... zu beherrschen ist erheblich schwieriger und wird nur von wenigen Tricksurfern beherrscht.

„Die meisten Bretter neigen dazu, beim Rückwärts-Railride abzufallen. Also mußt du mit deinem Fuß das Brett unter Wasser drücken, damit es auf Kurs bleibt."

Das Problem dabei ist, daß man beim Rückwärtsfahren das Brett daran hindern muß, in den Wind zu schießen, was es sehr gern tut. Dann hat man gar nicht genügend Zeit, den Railride einzuleiten. Man muß deshalb erst lernen, das Brett beim Rückwärtsfahren gut zu kontrollieren und dann so harmonisch und langsam wie möglich in den Wind zu drehen, wobei gleichzeitig das Brett auf die Kante gestellt wird. Das braucht einige Übung. Dann einfach das Brett gegen den Mast lehnen und den hinteren Fuß auf die Kante nehmen. So segelst du in gebückter Haltung.“

Es kommt darauf an, was für ein Board man hat. Denn je nach dem, wie der Kielsprung geformt ist und wo Schwert und Mastfuß sitzen, tendieren die einen Bretter mehr zum Anluven und die anderen mehr zum Abfallen. Deshalb ist das Wichtigste für den Rückwärts-Railride, daß man erst einmal sein Brett kontrolliert rückwärts fahren kann und es wie beim Vorwärtsfahren fertigbringt, das Brett zum Abfallen oder zum Anluven zu bringen.

„Die meisten Bretter neigen dazu, beim Rückwärts-Railride abzufallen. Also mußt du mit deinem Fuß das Brett unter Wasser drücken, damit es auf Kurs bleibt. Das ist nicht so ganz einfach und braucht einige Übung.“

KANTEFAHREN IM GABELBAUM

Auch diese sehr schwierige Variante des Kantefahrens hat Robby erfunden. Man segelt zunächst vorwärts auf der Kante, allerdings nicht Halbwind, sondern möglichst stark auf Raumschotkurs und dann, wenn das Brett gut ausbalanciert ist und es am Mast anlehnt, beginnt der eigentliche Trick.

„Zuerst mußt du mit dem Kopf in den Gabelbaum, jetzt ziehst du den hinteren Arm nach und dann den vorderen Arm, so daß du zunächst nur bis zu den Schultern im Gabelbaum steckst. Nun sollte das Brett langsam wieder anluven, und indem du nun mit deinem vorderen Arm den Mast greifst, richtest du dich auf und schiebst deinen ganzen Körper in den Gabelbaum. Wenn du das alles noch geschafft hast, kommt der eigentlich schwierige Teil, nämlich wieder aus dem Gabelbaum herauszukommen, ohne von der Kante zu fallen.

Also sollte man erst einmal den Trick so beenden, daß man das Brett wieder vorsichtig in Normalposition bringt, zurück von der Kante und ohne zu fallen, um in dieser einfacheren Segelstellung wieder aus dem Gabelbaum herauszukommen. Wenn man das beherrscht, kann man das gleiche auch auf der Kante üben. Dabei muß man, genau umgekehrt wie vorher, zuerst bis zur Schulterhöhe aus dem Gabelbaum herausrutschen

Beim Kantefahren im Gabelbaum ist das größte Problem, aus dem Gabelbaum wieder herauszukommen, ohne

Beim Rock and Roll-Railride wird das Board durch Fußdruck in Schaukelbewegung versetzt.

und sich dann ganz herunterbeugen. In gehockter Position werden Arme und Kopf aus dem Gabelbaum herausgewunden. Zum Schluß muß man dann das Brett noch von der Kante herunterbringen. Dann gibt es für diesen Trick die meisten Punkte."

DER ROCK AND ROLL RAILRIDE

Dieser Trick wurde 1977 bei der Windsurfer Weltmeisterschaft in Sardinien von dem Japaner Mikhi Hidacki vorgestellt. Dort bekam er auch seinen Namen, den er bis heute behalten hat.
Es handelt sich im wesentlichen um ein Kantefahren rückwärts, wobei das Brett in der Längsachse in Schaukelbewegungen versetzt wird.
„Normalerweise beginne ich so, daß mein vorderer Fuß ungefähr neben dem Mast steht; der hintere Fuß in normaler Position, also etwa ein Meter weiter hinten. Während du in einer solchen Position auf der Kante stehst, belastest du nun einmal den vorderen, dann wieder den hinteren Fuß, damit das Brett in Schaukelbewegung gerät. Paß auf, daß du dabei nicht von der Kante herunterrutschst. Dann kann es passieren, daß das Brett beim Zurückschnellen aus dem Wasser dich am Bein, Arm oder sonstwo trifft. Denn das Brett wird ja über die Kante weit ins Wasser gedrückt, dabei entwickelt es einen Auftrieb,

ins Wasser zu fallen. Erst dann ist der Trick so beendet, daß es Punkte dafür gibt.

Ein neuer Railride-Trick von Robby. Er beginnt das Brett auf die Kante zu stellen, mit dem Schothorn vorn, segelnd.

ähnlich als wenn man einen Ball unter Wasser drückt. Also darf man nicht übertreiben. Das meiste Gewicht sollte auf dem vorderen Fuß liegen, und hinten drückt man das Brett nur einfach herunter, ohne sein ganzes Gewicht darauf zu stemmen. Also einfach das Bein strecken, wieder beugen, strecken, wieder beugen. So ist es am einfachsten.“

RAILRIDE MIT DEM SCHOT-HORN VORN (CLEW FIRST)

Dies ist ein ziemlich neuer, aber nicht übermäßig schwieriger Trick. Da er sehr gut aussieht, bekommt man beim Freestyle immer gute Punkte und viel Applaus. Diesen Trick beginnt man auf dem Vorwindkurs, geht ganz durch den Wind, als ob man eine Halse fahren wollte, aber das Segel wird nicht herumgenommen. Man segelt also mit dem Schothorn voran (clew first). Während das Brett nun in den Wind geht (Bild 1) nimmt man wieder mit dem vorderen Fuß die Luvkante hoch und fährt ganz normal auf der Kante.

„Am besten nimmst du deinen vorderen Fuß auf das Schwert und läßt das Brett gegen den Mast lehnen. Aus dieser Position heraus

Was nur wenige gute Tricksurfer beherrschen – mit dem Rücken zum Segel zu surfen – zeigt Robby hier auf der

Dann wird eine Halse eingeleitet und der Trick mit normaler Segelstellung beendet.

kannst du eine Halse fahren. Das macht man genau, wie es in Bild 5 gezeigt ist; also mit der hinteren Hand den Mast greifen, die vordere Hand loslassen und das Segel herumschwingen lassen. Nun fährst du genau auf dem Vorwind und mußt enorm gut balancieren, da ja das Segel mit dem Schothorn voran im Wind killt. Das geht nur, wenn man einen Fuß auf das Schwert nimmt. Danach mußt du das Segel weiter herumschwingen und den Baum mit deiner hinteren Hand ergreifen und dicht-holen. Nun mit der vorderen Hand auch den Mast loslassen und wieder an den Baum greifen, bis du wieder in einer ganz normalen Halbwindposition auf der Kante fährst. Wenn du nun das Brett wieder sauber von der Kante herunterläßt, hast du einen sehr schönen Trick gefahren."

KANTEFAHREN MIT DEM RÜCKEN ZUM SEGEL

„Für mich ist dieser Trick der schwierigste aller Railride-Tricks. Ich beginne wieder mit einem ganz normalen Vorwärtskantefahren, bis ich mich hundertprozentig sicher und wohl fühle. Dann drehe ich zunächst meine Füße, als ob ich einen nose-dip machen

Kante fahrend. Ein besonders schwieriger Trick.

wollte. Wenn meine Füße richtig stehen, schiebe ich meine hintere Hand so weit wie möglich nach vorne zu dem Punkt, wo ich mit der hinteren Hand den Baum fast allein halten kann. Dann drehe ich mich sehr schnell um und greife auch mit dem anderen Arm wieder zum Baum. Die eigentliche Schwierigkeit beginnt erst jetzt, denn es ist deutlich schwieriger, in die normale Segelstellung zurückzukommen, als diese Position zu erreichen. Zu 20 Prozent falle ich dabei ins Wasser. Wieder muß der ganze Trick von vorn nach hinten zurückgespult werden, so als ob man einen Film rückwärts sieht. Es ist sehr schwer in Worten zu erklären, am besten schaut man sich die Fotos genau an. Sie erklären besser als alle Worte, was passiert."

Dieser Trick ist eine zweite Möglichkeit des Richtungswechsels beim Railride. Man dreht in den Wind, bis das Brett zum Stillstand

ÜBERZOGENER RAILRIDE MIT RICHTUNGSWECHSEL

„Auch diesen Trick beginnt man wiederum, indem man vorwärts auf der Kante fährt. Um das Brett nun in den Wind zu zwingen, mußt du mit dem vorderen Fuß vor den Mast und die Nase des Brettes unter Wasser drücken. Dabei das Segel ganz stark dichtholen. Wenn das Brett nun in den Wind geht, sollte man mit dem hinteren Fuß auf das Schwert, wie im Foto 4 zu sehen ist. Sobald das Brett durch den Wind gedreht hat, fierst du das Segel auf und drückst es gegen den Wind, wie in Bild 6 zu sehen ist. Dadurch dreht das Brett weiter in den Wind, bis es genau in Windrichtung zeigt. Nun kannst du mit dem Heck voraus auf Vorwind den Trick beenden.

In einem Freestyle-Wettbewerb ist dieser Trick besonders gern gesehen, aber er ist wirklich sehr einfach. Wenn du den einen Fuß auf dem Schwert läßt, wird das Brett sehr stabil. Das einzig wirkliche Problem ist wiederum, das Brett von der Kante herunterzubringen, denn indem du in den Wind hineinse-

Die Zeichnung verdeutlicht den Ablauf des oben gezeigten Tricks.

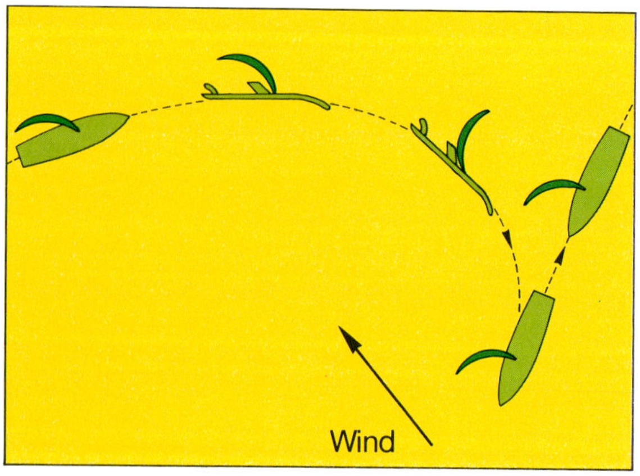

gelst, wird das Brett gestoppt und man gerät in eine Situation, aus der man sehr schwer weitersegeln kann. Deshalb versuche ich immer das zu tun, was man in Bild 6 sieht, d.h., ich trete das Brett von der Kante, indem ich mein Gewicht auf das Schwert verlagere, um dann das Brett rückwärts weitersegeln zu können, wie in Bild 8 zu sehen ist. Das sorgt

kommt. Dann muß das Brett von der Kante und wird rückwärts in den nächsten Trick hineingesegelt.

für einen fließenden Übergang in einen nächsten Trick. Da kann man dann zum Beispiel einen 360er machen oder rückwärts auf der Kante weiterfahren. Das schwierigste an diesem Trick ist also der fließende Übergang.“

Eine Variante vom Strand aus:
Robby startet von der Kante und fotografiert sich mit der Kamera im Top selbst. Die rechte Hand ergreift den Auslöserdraht.

Die Pirouettenwende: Wie man deutlich erkennen kann, setzt Robby die Wende fort, indem er mit der früheren

FREESTYLE-WENDEN

In einem Freestyle-Wettbewerb muß man dafür sorgen, daß der Ablauf der einzelnen Tricks möglichst routiniert und fließend erfolgt. Da man für einen Trick nur einmal Punkte bekommt, wird man maximal einmal eine Wende und eine Halse vollführen. In der übrigen Zeit muß man dafür sorgen, daß man auf andere Weise von einem Bug zum andern kommt. Tricks also, die mehr Punkte bringen als eine einfache Wende, z. B. eine Pirouettenwende.

DIE PIROUETTENWENDE

Bevor man die Pirouettenwende auf dem Wasser übt, sollte man auf jeden Fall erst einmal am Strand den Bewegungsablauf einstudieren. Dadurch vermeidet man eine Menge Abgänge ins „kühle Naß".

Bei der Pirouetten-Tauchwende muß man das Rigg so kontrolliert gegen den Wind werfen,

Segelhand zum Mast greift und das Segel hinter sich gegen den Wind drückt.

Das wichtigste an der Pirouettenwende ist die richtige Masttechnik. Denn wie man auf den Fotos deutlich erkennen kann, setzt Robby die Wende fort, indem er mit der früheren Segelhand zum Mast greift und das Segel hinter sich gegen den Wind drückt.
Auf diese Weise wendet das Brett weiter durch den Wind, während er mit einem Wechselschritt die 360°-Körperdrehung vollführt.
Natürlich muß dabei alles blitzschnell gehen.

DIE PIROUETTEN-TAUCH-WENDE

Diese Art den Bug zu wechseln wurde – allerdings ohne die 360°-Drehung des Körpers – von Karlheinz Stickl entwickelt und im deutschen Sprachraum als Sticklwende eingeführt. Besonders schwierig wird diese Wende

daß es für einen Augenblick von selbst stehen bleibt.

Wende mit Segel 360er: Anluven … Backhalten … Schothorn voran …

durch die 360°-Drehung, die man gleichzeitig vollführt.

„Du wendest also in den Wind hinein, und gerade in dem Moment, in dem das Brett im Wind steht (Bild 3), wirfst du den Mast mit einer kontrollierten Bewegung nach vorn. Paß auf, daß der Mast wirklich ausbalanciert ist. Nun blitzschnell unter dem Segel durch und dabei eine Drehung um 360° machen. Zu 50 Prozent fallen dabei auch heute noch die besten Tricksurfer ins Wasser. Es ist wirklich die schwierigste Freestyle-Übung unter den Wendemanövern. Wenn du den Baum gerade noch erwischst, ist er meistens zu weit hinten, so daß man nicht sofort dichtholen kann. Oder der Mast wird zu stark in den Wind geworfen; bevor man die 360°-Drehung vollführt hat, ist er schon vorne aufs Brett gefallen.

Das wichtigste ist also, den Mast ganz kontrolliert in den Wind zu stellen, damit einem einige Sekunden bleiben, um die Pirouette zu vollführen.“

WENDE MIT SEGEL 360ER

Dies ist eine relativ einfache, aber sehr attraktive Übung. Wieder segelt man in den Wind, als ob man eine normale Wende machen würde. Aber anstatt das Segel loszulassen, wendet man das Brett, indem man das Schothorn durch den Wind drückt, und zwar ohne die Hände vom Gabelbaum zu nehmen.

„Wenn du also genau im Wind stehst, drückst du das Segel gegen den Wind, bis das Schothorn durch den Wind geht und du weitersegelst mit dem Schothorn voran (Bild 3 und 4). Auf diese Weise wendet das Brett, aber nicht das Segel. Während du weitersegelst, bis du dich sicher fühlst, läßt die vordere Hand den Baum los und durch den Wind herumschlagen (Foto 9). Du läßt also das Segel halsen, greifst es gleich wieder, um in einer normalen Segelposition weiterzufahren.“

Mit dem Rücken in Lee stehend anluven, durch

... so weitersegeln, bis Position zum Schiften des Segels erreicht ist.

WENDE IM BAUM IN LEE STEHEND

Auch diese Serie von Bildern erklärt eigentlich wieder besser, als Worte erklären können. Viele Surfer in Europa haben das Fahren in Lee soweit perfektioniert, daß sie auch relativ einfach im Gabelbaum stehend, mit dem Rükken am Segel lehnend, fahren können. Die Übung wird eingeleitet, indem man, in dieser Position segelnd, das Brett in den Wind drehen läßt, also den Gabelbaum zum Heck runterdrückt.

„Wenn das Brett durch den Wind dreht, drück das Segel zurück wie in Foto 3, indem du dich gegen den Wind stemmst und das Brett unter dir eine Wende macht. Aus dieser Position drehst du dich aus dem Baum heraus und segelst in ganz normaler Stellung weiter, so, wie man es auf dem Foto sehen kann.

DER SEGEL 360ER

Beim Segel 360er kommt es darauf an, daß das Brett seine Richtung hält, während das Segel mit dem Surfer eine 360°-Drehung macht. Dies ist für Segler eine besonders verblüffende Sache. Der Trick dabei ist, daß man die Dre-

den Wind gehen und nach der Wende des Boards mit dem Rücken zum Segel im Gabelbaum stehen.

Ein perfekter Segel 360er, ohne daß das Board seine Richtung auch nur geringfügig ändert.

1

Ein Segel 360er, mit dem Schothorn voran. So ist der Trick viel schwieriger als umgekehrt – mit dem Mast zuerst durch den Wind (vorige Doppelseite).

hung des Segels dadurch neutralisiert, daß man den Segeldruckpunkt genau in der vertikalen Linie über dem Lateraldruckpunkt des Brettes hält, damit bei der 360°-Drehung kein Steuerausschlag möglich ist. Die einfachere Version des Segel 360ers ist die, bei der das Segel gegen den Wind gedrückt wird und dann Segel und Surfer eine 360°-Drehung durchführen. Laut Robby ein „sehr schwieriger Trick, um ihn in Worten auszudrücken, aber ein ganz leichter Trick, wenn die Bilder alles erklären".

Schon erheblich schwieriger ist das gleiche, wenn man umgekehrt das Segel zu sich zieht, also mit dem Schothorn durch den Wind geht.

Hier noch einmal die einfachere Version. Robby „wendet" um den

„Du segelst auf einem Raumschotkurs, dann setzt du deinen Fuß genau vor den Mast und ziehst das Segel hinter dir her, indem du auf deinem vorderen Fuß eine 360°-Drehung machst. Dabei ziehst du das Segel so durch den Wind, daß es möglichst wenig Fläche dem Wind entgegensetzt. Du machst also eine sehr weite, langsame Pirouette um deinen vorderen Fuß herum. Dieser Trick ist nicht besonders schwer, aber du kriegst eine Menge mehr Punkte, wenn du ihn schön gleichmäßig und ohne Schnörkel machst. Das kann man verhindern, wenn man nicht um den Mast herumläuft, sondern auf dem Fuß stehend die ganze Drehung in dieser Achse vollführt."

Mast herum, ohne dem Board einen Steuerausschlag zu geben.

Eine perfekte Pirouette. Während der Körperdrehung sollte das Segel einen Moment neutral im Wind stehen.

DIE PIROUETTE

Bei der Pirouette muß man sich zunächst einmal fragen, auf welchem Fuß man am schnellsten herumkommt.

Am besten übt man die ganze Sache wieder am Strand. Man stellt das Segel zuerst einmal in den Sand und hält es so in den Wind, als ob man auf Halbwindkurs führe. Wichtig ist, daß man bei der Pirouette auf keinen Fall mit mehreren Schritten herumläuft, sondern die ganze Drehung auf einem Fuß macht. Auf welchem ist egal. Der eine hat lieber den vorderen, der andere lieber den hinteren Fuß. Robby macht die Pirouette auf dem hinteren Fuß. Bevor man losläßt und die Pirouette einleitet, sollte das Segel in einer möglichst neutralen Position sein, dann steht es für einige Sekunden besser im Wind und man kann es nach der Pirouette leicht greifen.

MIT DEM RÜCKEN ZUM SEGEL

„Normalerweise beginne ich diesen Trick, indem ich sehr hoch an den Wind gehe. Dann kann man die Hände nahe zusammennehmen, und wenn die hintere Hand das Segel allein halten kann, läßt die vordere Hand los und man macht die Drehung. Das größte Problem der meisten Leute besteht darin, daß sie den Trick versuchen, wenn das Brett noch nicht fährt. Das ist falsch. Es ist viel einfacher, die Drehung zu machen, wenn das Brett voll in Fahrt ist.
Der andere Fehler ist der, mit Halbwind oder gar raumschots den Trick zu versuchen. Dann ist viel zu viel Druck auf dem Segel und man wird leicht herübergezogen. Am Anfang sollte man seinen vorderen Fuß ganz nah beim Mast haben und sich nicht mit zuviel Gewicht in den Wind hängen, sondern nur etwas dichtholen, bis man sich an diese Fahrweise gewöhnt hat.“

m 1
m 1

Ein ganz neuer Trick: mit dem Rücken zum Segel einen Board 360er zu machen, hat sich bisher noch niemand ausgedacht.

MIT DEM RÜCKEN ZUM SEGEL, BOARD 360ER

Dieser neue Trick von Robby ist eine sehr spektakuläre Version der Fahrposition „Rükken zum Segel".
Wie die Fotos zeigen, macht er in dieser Segelhaltung einen kompletten Board 360er.
Auf Bild 2 sieht man, wie er mit Schwung in die Wende hineinfährt. Bild 5 zeigt genau die Vorwindposition mit dem Heck nach vorn und Bild 8 mit dem Bug nach vorn.
Besonders bemerkenswert ist auch der Übergang von „Rücken zum Segel" in die Normalposition, denn man erkennt keinerlei Unterbrechung des Bewegungsflusses.

AUS ROBBY'S TRICKKISTE

Wenn man die Ideenvielfalt seiner Tricks analysiert, fragt man sich, was man mehr bewundern soll, die spielerische Leichtigkeit der Ausführung oder die athletische Konzentration auf den entscheidenden Moment.
Was Robby zur Ausnahmepersönlichkeit im Windsurfen macht, ist seine Kreativität beim Ausdenken bzw. Erfinden neuer Manöver, Tricks, Sprünge, Verrücktheiten.
Sei es, daß er wie ein Affe am Gabelbaum hängt oder ein Mädchen spazierenfährt, immer kommt dabei etwas Neues heraus. Seine Auftritte sind improvisiert und doch immer mit einer gewissen Choreographie versehen.
Schon wie er sein Brett aufs Wasser schiebt oder an Land kommt, ist anders als bei den meisten Windsurfern.

Wenn man andere Spitzenfahrer beobachtet, wenn sie in der Brandung herumtoben oder tricksen, hat man oft das Gefühl, als wenn sie gerade mit ihrem Brett einen Härtetest durchführen wollten. Sie beanspruchen ihr Material bis an die Grenze des Zumutbaren. Robby dagegen fährt vorsichtig und materialschonend. Bei allem Draufgängertum seiner Sprünge und Tricks macht er selten etwas kaputt.

Man achte auf die fünfte und achte Position, wo jeweils das Board mit dem Bug und dann mit dem Heck durch den Wind dreht.

Um mit seinem Segelbrett so zu verwachsen wie Robby, muß man ebenfalls als Kind mit dem Sport beginnen. Das macht den Unterschied aus zwischen ihm und anderen Weltklasse-Surfern, die erst später zum Windsurfen kamen.

VARIATIONEN DES KANTE-FAHRENS

Der Erfinder des Railrides hat beim Kantefahren mit dem Funboard das Springen auf flachem Wasser entdeckt. Denn aus einer Situation wie der nebenstehenden läßt sich ein Funboard mit Hilfe des Winds auch auf flachem Wasser zu ansehnlichen Sprüngen in die Luft bringen, wie wir später sehen werden (Kapitel Springen).
Und auf der gegenüberliegenden Seite nimmt er die Hand vom Gabelbaum, um sich selbst zu fotografieren. Die Kamera – nicht gerade besonders leicht in ihrem wasserdichten Gehäuse – ist oben am Mast montiert.
Wer das Rückwärtsfahren auf einem Windsurfer oder anderem Allroundboard beherrscht, sollte mal das Gleiche auf einem solchen Funboard probieren. Schwert und Finne über der Wasserlinie, steuert Robby ein führungsloses Brett trotzdem noch auf Halbwind mit ziemlich viel „Dampf“.

Unten:
Auf der Kante oder rückwärts, selbst auf einem schwierigen Funboard beherrscht Robby seine Tricks.
Rechts (Seite 109):
Mit der Kamera im Top fotografiert er sich hier selbst mit Fernauslöser.
Folgende Doppelseite (Seite 110-111):
Diese Situation ist kein Sturz, sondern ein kontrollierter „Stall“, zu deutsch: Absinken des Bugs, Trudeln.

Das Gleiche (Absinken des Bugs) bei langsamster Fahrt noch einmal von der Seite. Deutlich wird, wie kontrolliert das Brett steigt und wieder sinkt.

Nächste Doppelseite:
Aus der Mastperspektive fotografiert: Robbys blitzschnelle Körperdrehung mit dem Rücken zum Gabelbaum.

Übernächste Doppelseite (Seite 116/117):
Robby beim Headdip, fotografiert mit der Mastkamera.

Kailua

Kailua

V. SPRÜNGE AUF GLATTEM WASSER

Als vor einigen Jahren die ersten Fotos von fliegenden Surfbrettern aus Hawaii herüberkamen, hat jeder von uns gemeint, daß Sprünge mit dem Segelbrett nur über die Welle möglich sind. Inzwischen wissen wir, daß ein Brett nur leicht genug sein muß, um es selbst auf völlig flachem Wasser bei genügend Wind zu ansehnlichen Sprüngen in die Luft zu bringen. Solche Sprünge auf flachem Wasser sind ein Mordsspaß.

Das Brett gebärdet sich wie ein ungestümer Mustang, der seinen Reiter abwerfen möchte, und der Reiter freut sich jedesmal neu, wenn er oben bleibt und gleichzeitig mit einem möglichst kühnen Sprung die Zuschauer und andere Surfer verdutzt hat.

Ich erinnere mich noch gut, wie Robby mir vor einigen Jahren in Sardinien einen Riesenschrecken eingejagt hat, als wir mit großem Speed aufeinander zugeschossen kamen und er – wie aus heiterem Himmel – das Brett hochriß, in der Luft mindestens 4–5 Meter mit dem Wind zu mir versetzte und sicher dicht neben mir landete. Ich bekam damals einen solchen Schrecken, daß ich mit einem Riesensprung ins Wasser „segelte". Als ich auftauchte, sah ich nur noch den grinsenden Robby zu einem neuen Sprung ansetzen.

Was man für solche Sprünge auf flachem Wasser braucht, ist dies:

1. ein Funboard, das genügend Speed machen kann.
2. ein möglichst leichtes Brett (möglichst unter 15 kg),
3. Fußschlaufen auf dem Brett.

„Wenn du dir die Fotos genau anschaust, siehst du gleich, daß der Lift hauptsächlich über die Arme – durch kräftiges Anziehen – geschafft wird. Ich springe nicht mit dem

Beim Springen ohne Welle braucht man ein möglichst leichtes Brett.
Mit gestreckten Beinen zieht man sich am Segel hoch und läßt den Wind unter das Brett greifen.

Board – ich ziehe das Brett mit meinen Armen hoch.

Das Problem ist, daß die meisten Leute glauben, das Brett mit den Füßen hochziehen zu müssen. Das ist grundfalsch. Erst, wenn man in der Luft ist, kann man das Brett, das vom Wind getragen wird, mit den Füßen steuern. Aber hoch kommst du nur, wenn du das Brett erst von deinem Körpergewicht entlastest, indem du kräftig am Gabelbaum ziehst. Dann – auf dem Höhepunkt deiner Flugbahn – kannst du die Arme wieder strekken, auffieren und dich zur Landung vorbereiten. Sobald das Brett – möglichst mit dem Heck – aufsetzt, ziehst du wieder kräftig am Segel, um dein Brett auf dem Wasser gleich wieder unter Kontrolle zu bringen."

DER UNTERSCHIED ZWISCHEN EUROPÄISCHEN UND HAWAIIANISCHEN WELLEN

Der grundlegende Unterschied zwischen den Wellen in Hawaii und dem, was wir in Europa kennen, besteht darin, daß man in Hawaii nicht in der Brandungswelle surft (beach break), sondern draußen am Riff, wo sich die Dünung des Ozeans zu oft langgezogenen, steilen Wellen aufbaut (ocean break) und den bekannten Surf erzeugt. Man kann vereinfacht sagen, daß die Wellen in Europa – meist von lokalem Wind – auflandig an den Strand gedrückt werden und so die relativ kleinen Wellen entstehen. Meistens sind Wellenrichtung und Windrichtung identisch.

Es kann vorkommen, daß der Wind das leichte Brett hochdrückt und man einen Überschlag hinlegt.

Absprung:
Das Brett wird im letzten Moment auf die Leekante gedrückt, während man sein ganzes Gewicht von den Füßen weg an den Gabelbaum verlagert.

Flugphase:
Erst in der Luft darf man das Brett an den Fußschlaufen noch höherziehen, um einen möglichst weiten Sprung zu erzielen.

Auf den Hawaii-Inseln dagegen gehen die Windsurfer bei solchen Bedingungen gar nicht hinaus. Sie benötigen einen seitlichen oder ablandigen Wind, um die teils gewaltigen ocean swells zu bewältigen.

„Wir haben hier selten beach breaks wie in Europa. Dort konnte ich vor allem keine bestimmte Reihenfolge erkennen, so wie hier. Die europäischen Wellen scheinen ständig zu brechen und zu brechen ohne wirkliche Ordnung. Sie brechen unkontrolliert und oft genug in sehr flachem Wasser ganz zum Schluß am Strand, wo es dir dann das Material zerlegt."

In Hawaii dagegen gibt es eine ständig wiederkehrende Formation von Wellenfolgen. Die Wellen sind oft Tausende von Kilometern weit draußen auf dem Ozean durch Stürme erzeugt worden. Vor allem zur Winterzeit kommen riesige Swells aus der japanischen See an die North Shore von Hawaii. Die Surfer haben nicht nur gelernt, die Art der Welle und den genauen Platz zu studieren, wo sie ständig in gleicher Art und Weise bricht, sondern auch die Reihenfolge von 5–6 Wellen hintereinander und ihre Höhe zu beurteilen. Diese Wellen sind sehr berechenbar gegenüber europäischen Wellen.

„Als ich mal in Belgien gesurft bin, merkte ich, wie gefährlich die Wellen dort sind. Sie waren im Verhältnis zu unseren nicht besonders hoch – nur ungefähr 5 Fuß, aber sie brachen auf der Stelle auf eine brutale Weise, und zwischendrin gab es keinen Halt. Alle 10 Meter krachte wieder so ein Ding vor dir runter. Zusätzlich gab es eine unglaubliche Strömung am Strand entlang. Wenn du also ins Wasser fielst, fandest du dich kilometerweit unten am Strand wieder. Unsere Wellen hier sind zwar oft viel höher, aber nicht so gefährlich, wenn man gelernt hat, sie richtig zu beurteilen."

In Hawaii ist der Abstand zwischen den Wellen in der Regel mindestens 50 Meter. Wenn

Landung:
Bei der Landung mit gestreckten Armen zuerst mit dem Heck aufsetzen, damit man sich – wenn nötig – durch Anziehen der Arme wieder aufs Brett hochziehen kann (Wasserstart).

man also fällt, hat man mehr Zeit, wieder aufs Brett zu steigen und neu zu starten. Dort, wo die Wellen besonders hoch sind, sind sie eben nicht auf der ganzen Breite des Strandes gleich hoch, sondern zwischendrin, wo das Riff tiefer liegt, gibt es immer einen Kanal, aus dem man hinaussurfen kann. Natürlich nur, wenn der Wind von der Seite kommt. Man kann also sagen, daß man in Hawaii eine Welle eher vermeiden kann als in Europa. Allerdings darf man nicht übersehen, daß die hawaiianischen Wellen natürlich viel mehr Wucht haben. Was man Hawaiitouristen deshalb dringend empfehlen sollte, ist, niemals allein – ohne Freunde mit genauer Ortskenntnis – etwa an der North Shore ins Wasser zu gehen. Denn die Unbekümmertheit der „locals" begründet sich auf Erfahrung und Routine. Sie kennen diese Wellen von kleinauf. Und da das Riff sich nicht verändert, ändern sich auch nicht die Wellen. Jede hat ihren eigenen Namen: Es gibt die Pipeline in Waimea und die Avalanche draußen in Haleiwa. Der beste Spot für Windsurfer ist unten in Waikiki am Diamond Head.

Natürlich bei weitem der idealste Windsurfing Spot für Europäer ist die Bucht von Kailua. Dort liegt das Riff teilweise weit draußen, und innerhalb des Riffs gibt es keine oder nur wenige Untiefen. Auch ist überall das Riff einfach zu passieren. Wenn man einmal draußen ist, sind die Wellen so schön glattgezogen, daß es einfacher ist, als bei ähnlich starkem Wind in Europa auf dem Meer zu surfen.
„Wenn man mich fragt, so fühle ich mich an einem Tag mit 6 Fuß Wellen an der Pipeline sicherer, als in eurem eiskalten Wasser in Europa, etwa in Belgien, Holland oder Sylt. Natürlich macht das Windsurfen im warmen Wasser viel mehr Spaß und ist auch viel sicherer. Ich empfand das kalte Wasser in Europa immer als größte Gefahr. Deine Muskeln sind verkrampft, deine Kräfte lassen nach, weil dein Körper auskühlt."

250
250

VI. SURFEN

WIE MAN DIE BRANDUNG ÜBERWINDET

Das größte Problem der meisten Surfer beginnt gleich am Strand – nämlich das „white water" zu überwinden. Das, was die Hawaiianer und Surfer allgemein weißes Wasser nennen, ist ein riesiger Teppich von luftdurchtränktem Schaum, der in der Regel nur entsteht, wenn eine Welle so langsam und so gewaltig bricht wie an den Küsten Hawaiis. Unsere Schaumteppiche in Europa dagegen sind absolut harmlos, jedoch im Prinzip genauso anzufahren.

„Was du versuchen solltest, um über eine brechende Welle oder eine gerade gebrochene Welle mit white water hinüberzukommen, ist eigentlich klar: erst einmal genügend Fahrt aufnehmen. Versuche, das white water so schnell wie möglich und nicht zögernd oder ängstlich anzufahren. Dann im letzten Moment anluven, so daß man den Schaumteppich genau im rechten Winkel erwischt. Mit dem vorderen Fuß, wenn du Fußschlaufen hast, ziehst du das Brett hoch und, gleichzeitig drückst du mit dem hinteren Fuß das Heck nach unten, so als ob du springen wolltest. Vermeide auf jeden Fall, daß das Wasser

Wer mit dem Brandungssurfen beginnt, wird nicht gleich mit solchem Sprung die Welle überwinden wollen.

aufs Brett schlägt. Fahr den Schaumteppich nie anders als im rechten Winkel an, halte das Segel so dicht wie möglich und gib Druck auf deinen vorderen Fuß, damit der Bremseffekt dich nicht nach vorne reißt. Sobald du auffierst und zögerst, wird dich der Schaumteppich querstellen und dann bist du verloren.“

Gewaltige Wassermassen schlagen ins Segel und haben oft ein schönes neues Segel in wenigen Minuten ruiniert, wenn es nicht gelang, einen Tampen zu lösen.
Masten brechen, Gabelbäume knickt es wie Streichhölzer und die Bretter leiden ebenso. Und nur, weil der betreffende Surfer die elementarsten Grundsätze nicht beachtet. Deshalb das Ganze noch einmal in einzelnen Lernschritten, die man natürlich zusammen zügig verwirklichen muß, da man nicht den ersten Schritt üben kann, bevor man den zweiten angeht.

1. Stell dein Brett am Strand so auf, daß du in der einen Hand das Heck und in der anderen Hand den Mast hälst. Gib dem Wind keine Möglichkeit, Brett oder Segel aus dieser Kontrolle zu reißen.

2. Beobachte die Wellen, ob du eine gewisse Reihenfolge erkennen kannst und such dir die leichteste Stelle aus. Beachte die Strömung.

3. Sei entschlossen und schnell, wenn du hinaussegelst. Schiebe das Brett aufs Wasser, benutze das Segel als Tragflügel und laß es nie aus der Hand. Wenn das Brett genügend Wasser unterm Schwert hat, spring von hinten auf und segle so schnell wie möglich, erst abfallend, dann im rechten Winkel auf die Welle zu.

4. Zieh das Segel im letzten Moment ganz dicht, gib dem Brett vorne lift und versuche so weit wie möglich zu springen, indem du mit gestrecktem vorderen Bein und dichtgezogenem Segel deinen Körper anspannst. Erst für die Landung entspannst du dich und fierst das Segel leicht.

Die Halse mit der Welle zurück ins „White Water". Dabei darf man keine Geschwindigkeit verlieren, sonst läuft die Welle unten durch.

VOR DER WELLE HALSEN

Es gibt grundsätzlich zwei Arten, vor der Welle zu halsen. Die eine ist, mit der Welle ins white water und die andere, heraus aus dem white water, gegen die Welle zu drehen.

„Du fährst die Welle an, als ob du sie springen wolltest und dann, wenn du den Wellenberg hinaufschießt, leitest du die Halse ein, reißt das Brett herum und schießt mit der Welle zurück. Bei diesem Manöver kommt es darauf an, daß du ständig im Gleiten bleibst – die ganze Halse hindurch. Auf keinen Fall Fahrt verlieren, sondern den ganzen Bogen in einem Schwung durchfahren. Dabei bleibst du am besten mit deinem vorderen Fuß in den Footstraps. Aber nimm den hinteren Fuß heraus und setz ihn auf die Leekante des Brettes, damit du das Brett – ähnlich wie ein Surfboard oder Skateboard – mit dem Fuß in die Kurve zwingst. Verliere hierbei nur kein Tempo, drück das Brett also nicht, wie bei normalen langsamen Halsen hinten, sondern nur seitwärts ins Wasser. Für diesen Trick sollte man sich „mushy waves" aussuchen, also weich und diffus brechende Wellen, nicht hart brechende oder top-to-bottom-breaking-waves. Es können ruhig große Wellen sein, Hauptsache sie brechen nicht steil, sondern weich und schieben dich vor sich her."

DIE HALSE AN DER WAND – WEG VOM WHITE WATER

„Wenn du den folgenden Trick versuchst, solltest du immer auf dies achten:
Such dir nicht die brechende Welle aus oder die Lippe der Welle, sondern eine schöne Wand, an der du das Manöver ungestört üben kannst.
Beginn die Halse schon unten, wenn du die Welle erreichst. Paß auf, daß die Welle nicht unter dir durchläuft. Mach also die Halse schnell, damit du die Welle noch voll ausreiten kannst. Manchmal, wenn die Welle zu kritisch wird, wenn sie also bricht, während du gerade deine Halse machst, kannst du die Halse nicht weiter durchführen und mußt erst mal mit dem Schothorn voraus von der Welle wieder weg. Denn wenn du zu nah an der steilen Wand die Halse fährst und das Segel auf der anderen Seite dichtziehst,

Hier hat Robby die Welle verpaßt. Das Schiften des Segels hat zu lange gedauert. Die Welle ist unter dem Brett durchgelaufen.

kannst du mit dem Ende des Gabelbaums die Welle berühren und dann ist es um dich geschehen. Also mußt du vielleicht 10 oder 20 Meter mit dem Schothorn voran surfen, um in ruhigerem Wasser die Halse zu vollenden.

Um diesen Trick an der Welle zu lernen, sollte man Power-Halsen noch und noch üben. Du mußt deshalb so schnell sein, weil die Welle dir noch weniger Zeit läßt, als üblich, denn du fährst ja gegen sie an."

Auf diesem Bild hat Robby kurz vorher die Halse schon durchgeführt. Er dreht zurück zur Welle und luvt auf dem Wellenkamm an, um mit der Welle weiterzusurfen.

DIE HALSE INS WHITE WATER

Dieses Manöver ist wirklich nur für sehr erfahrene Surfer, also solche, die Halsen an der Wand schon gut beherrschen. Es ist wie beim Surfen ein „off-the-lip".

„Du segelst also bis auf die Spitze der Welle oder in den brechenden Teil hinein und machst genau dort deine Halse. Du wirst also gerade mitten in der Halse von der brechenden Welle gefaßt und vom white water eingeholt, das dich voll umspült. Eigentlich ist es gar keine richtige Halse mehr, sondern mehr eine gesprungene Halse, denn nicht selten bist du voll in der Luft, während du halst. Deshalb mußt du in den Fußschlaufen stehenbleiben, was die Sache wirklich schwierig und gefährlich macht. Denn wenn das Brett mal herumgerissen wird und mit der Spitze nach unten taucht, zieht's dich gleich mit, weil du ja in den Fußschlaufen stehst. Deshalb sollte man diesen Trick auch wirklich nur in weich brechenden Wellen üben (mushy waves). Man sollte nicht versuchen, dieses Manöver in hohl brechenden Pip-lines zu fahren, denn dort ist es gefährlich."

BOTTOM TURNS

Auch der „bottom turn" ist ein typischer Surfausdruck. Bottom turn ist jenes Surfmanöver, bei dem man eine hohe Welle hinabschießt, und zwar geradewegs runter, und im Wellental auf dem hinteren Fuß belastet, die Nase des Brettes hochreißt und auf dem Teller zurück in die Welle surft. Dies ist ein sehr kraftvoller und schneller Turn.

Auf einem Segelbrett gibt es zwei Arten des

Vorherige Doppelseite:
Diese Gegenüberstellung zeigt perfekten Stil. An der gleichen Welle, einmal mit dem Schothorn voran und einmal in normaler Stellung, surft Robby die Welle ab.

Im linken Foto wartet er noch mit dem Schiften des Segels, bis er weiter von der steilsten Stelle der Welle weg ist. Sonst besteht die Gefahr, daß das Gabelbaumende die Wand berührt.

Um mit dem Schothorn voran schneller als die Welle zu surfen, muß man sein Brett beherrschen.

„bottom turn", nämlich einmal in den Wind und einmal aus dem Wind. Natürlich ist auch hier die Halse, also der Turn aus dem Wind schwieriger. Was man vor allem für diese Manöver braucht, ist ein sehr kurzes, quicklebendiges Brett.

„Beim „bottom turn in den Wind" machst du schlichtweg eine schöne, saubere Wende, wobei du das Brett auf die Kante stellst, hinten also belastest, damit das Ganze bedeutend schneller als normalerweise geht. Natürlich macht man keine vollständige Wende, sondern surft an der Wand parallel vorbei, um entweder zurück über die Welle zu surfen oder als nächstes Manöver die vorher beschriebene Halse mit der Welle zu versuchen.

Der „bottom turn aus dem Wind" ist erheblich schwieriger. Hierbei mußt du den vorderen Fuß unbedingt in der Fußschlaufe lassen. Der hintere wird auf der Leeseite auf die Boardkante gestellt und dann wartest du, bis du unten im Wellental bist. Du reißt mit dem vorderen Fuß das Brett hoch, mit dem hinteren Fuß drückst du es herunter. Du surfst also und vergißt für einen Moment das Segel. Es ist einer der dynamischsten und fließendsten Turns, die man überhaupt auf einem Segelbrett machen kann. Denn oft mußt du dich in einem wirklich starken Winkel – ähnlich einem Wasserskiläufer – in den Turn hineinlegen. Es ist natürlich ein eigenartiges Gefühl, wenn man sich nicht gegen den Wind, sondern mit dem Wind in die Kurve legen muß. Das einzige, was dich davor rettet, ins Wasser gedrückt zu werden, ist dein Speed

und die Zentrifugalkraft deines Turns. Du fängst das Übergewicht wieder auf, indem du das Brett möglichst schnell unter dir durchdrehst.“

Um den „bottom turn“ zu üben, muß man Power-Halsen so schnell wie möglich und auf so wenig Platz wie möglich üben. Dabei muß man unbedingt den hinteren Fuß aus der Fußschlaufe herausnehmen, damit man das Brett mit der Leekante tief ins Wasser drücken kann. Wichtig ist, daß man lernt, die Kante einzusetzen und nicht das Brett übers Wasser rutschen zu lassen.

GETTING TUBED

Der Ausdruck „getting tubed“ kommt vom Surfsport. Er wurde an der North Shore in der Pipeline kreiert, wo die Surfer so nah an der brechenden Welle die Schulter entlang surfen, bis sie von der Welle voll eingehüllt werden, also im Tunnel surfen und, bevor die Welle völlig bricht, an der offenen Seite des Tunnels herausschießen.

Natürlich ist dieses Manöver auf einem Segelbrett noch viel schwieriger als auf einem Surfbrett, denn schließlich hat man mit dem Segel in der Hand ein Handicap. Beim Windsurfen kann also „getting tubed“ nicht etwa bedeu-

ten, daß man mit Mast und Segel in der Pipeline verschwindet, sondern die müssen beide draußen bleiben. Nur ein Teil des Brettes und man selbst ist gerade hinter der brechenden Welle verschwunden.
„Du segelst also an der Wand entlang zum brechenden Teil der Welle, und zwar am besten, wenn der Wind von der Seite oder auflandig bläst. Denn es geht sicher nicht bei ablandigem Wind.
Wenn du nah genug an dem brechenden Teil der Welle bist, machst du sozusagen einen body- oder head-dip und läßt die Welle über dir zusammenschlagen, wobei sie möglichst nicht das Segel berühren darf. Bleib dabei auf jeden Fall in den Fußschlaufen, sonst haut es dich vom Brett. Wenn dich die Welle erwischt und vom Brett schlägt, sollte man aus den Fußschlaufen auch herauskommen, sonst kann es gefährlich werden. Bisher bin ich nur ein paarmal auf einem Segelbrett voll von einer Welle eingeschlossen worden. Eigentlich ist es relativ leicht, in die sich brechende Welle hineinzukommen – das Problem ist, wie man wieder herauskommt, ohne zu fallen.“
Die besten Wellen, um in der Pipeline zu surfen, sind am Diamond Head. Es gibt deshalb so wenig gute Plätze, weil ja die wirklich steil brechenden, hohlen Wellen nur bei ablandigem Wind entstehen, und das gerade ist beim Windsurfen nicht möglich. Deshalb soll man zufrieden sein, wenn man Wellen erwischt, die gerade hinter einem brechen. Auf den meisten Fotos sieht es oft spektakulärer aus, als es wirklich ist, da die lange Linse die Welle näher an den Surfer heranholt, als sie eigentlich ist. Man sollte es auch nicht übertreiben, denn ein Windsurfer ist kein Surfbrett. Es kann zuviel dabei kaputtgehen und man kann selbst viel leichter verletzt werden – vor allem, weil man ja in Fußschlaufen steht. Man sollte mit dem Gefühl zufrieden sein, so nah an der Riesenwelle mit einem Segelfahrzeug surfen zu können, was wirklich nur Windsurfer sich trauen können.

„Getting tubed“ heißt beim Windsurfen, die Welle über sich zusammenschlagen zu lassen, ohne daß sie das Segel trifft.

WIPE OUT

„Das Bild auf der vorangehenden Doppelseite und die Bildserien auf diesen Seiten brauchen wirklich keine großen Erklärungen. Man sieht, was da passiert. Es ist die schlimmste Situation, die dir in der Brandung passieren kann: der Mast nach unten in Richtung Strand und das Brett nach oben, den Wellen entgegen.
Wenn die Welle dann das Brett trifft, ist es meistens um dein Rigg geschehen.“
Um diese Situation zu vermeiden, kann man auch an seiner Ausrüstung einiges vornehmen. So ist es z. B. sehr hilfreich, wenn man den Gabelbaum vorn so binden kann, daß man mit einem Handgriff die straffe Verbindung von Mast und Gabelbaum lockern kann, ohne daß gleichzeitig beide sich vollständig voneinander trennen.
Dies kann man so erreichen: Man braucht vorne eine Belegklemme mit einem Steg oder einen Gabelbaumbeschlag, der vorne so geschlossen ist, daß ein Knoten am Ende der Leine entweder am Steg der Klemme oder am Gabelbaum-Vorderteil selbst hängen bleibt.
Manchmal ist es auch sinnvoll, das Segel schnell hinten zu lösen – allerdings ist dann ein neues Aufriggen mühsam und in der Brandung kaum möglich. Manchmal hilft es auch, wenn man den Mastfuß schnell aus dem Brett löst. Dann kommt es natürlich auf eine gute Board-Rigg-Sicherung an. Aber auch dann ist genügend Spiel, um eventuell Bruch zu vermeiden.
Wenn beides möglich ist, versucht man sofort, zur Mastspitze zu schwimmen und diese in den Wind zu ziehen.
„Der Grund, warum bei dieser Gelegenheit mein Mast nicht gebrochen ist, war das geringe Gewicht meines Brettes. Ich habe wirklich bisher Glück gehabt, denn mir ist noch nie ein Mast gebrochen. Das Schlimmste natürlich, was man in dieser Situation machen kann, ist, auf sein Board zu steigen und sich draufzusetzen. Denn das Extragewicht auf dem Brett wird sicher dafür sorgen, daß das Rigg zerbricht.“

RUSH HOUR IN DEN WELLEN

An manchen Tagen geht es in der Brandung zu wie nach Büroschluß im Straßenverkehr. Dort, wo neben den Windsurfern auch noch die Surfer sich tummeln, wie am Diamond Head in Waikiki, wo nicht selten 50–60 Surfer auf engstem Raum sich mit 10 oder 15 Windsurfern, die in der Gegend herumspringen,

1. Der gefährliche Moment für das Rigg ist hier zu sehen.

2. Der Mast bekommt am Top Grundberührung und muß enorme Kräfte aufnehmen.

vertragen müssen, gehört eine Menge Disziplin und Kontrolle dazu, Unfälle zu vermeiden. (Foto nächste Doppelseite 148–149.)

„Wenn du jemanden siehst, der böse stürzt, solltest du sofort hinsurfen und schauen, ob er sich nicht verletzt hat. Kameradschaft ist das wichtigste in der Brandung. Leider ist die in den letzten Jahren auf den Hund gekommen, vor allem bei den Surfern, die egoistisch oft nur an sich denken und die Welle unter allen Umständen erwischen wollen."

Vor allem dort, wo starke Strömung auftritt, sollten Windsurfer gut aufeinander achtgeben, denn zu leicht kann es vorkommen, daß einer sein Brett verliert, da die Rigg-Board-Sicherungen oft nur mangelhaft sind. Ich war selbst einmal vor Jahren auf den Bahamas in einer solchen Situation, wo draußen am Riff eine Welle mein Brett weggetragen hatte und ich nur noch das Rigg in der Hand hielt. Damals war ich allein draußen und niemand schaute mir zu, der zu Hilfe hätte kommen können. Ich mußte Hunderte von Metern hinter meinem Brett herkraulen, ehe ich es endlich wieder unter mir hatte. Dabei habe ich wirklich Todesängste ausgestanden, denn jenes Loch im Riff südlich der Insel Abaco heißt „Shark's Hole."

Auf der nächsten Doppelseite erkennt man die Riggsicherung zur Bugspitze.

3. Solche Situationen überlebt nur ein sehr elastischer Epoxymast bester Qualität.

Wenn sich an guten Tagen die Surfer in der Brandung drängen, fliegt die Coastguard mit dem Helikopter ständig auf und ab, um gefährdete Surfer aus dem Wasser zu fischen.

250

1

3

7

4

2

5

6

8

9

VII. RADIKALE SPRÜNGE

MATERIAL FÜR DIE BRANDUNG

Wenn man mit Robby Naish über Materialfragen spricht, so fällt einem gleich auf, mit welcher Relativiertheit er sein Urteil abgibt. Dagegen ist man gewohnt, daß – speziell im deutschen Sprachraum – Materialfragen zu Glaubensfragen werden, weil in der letzten Ausgabe eines Magazins etwa ein Artikel das Thema „Scharfe Kanten – runde Kanten“ abgehandelt hat. Diese Distanz fällt einem wohltuend auf.

„Ich sage immer: Du kannst mit allem fahren, nur daß du eben mit manchen Brettern besser fährst als mit anderen. Wenn du willst, kannst du das Bügelbrett deiner Mutter ausleihen, ein Segel drauftun und wahrscheinlich wird es bei viel Wind nicht schlecht segeln. In der Brandung geht alles, was nicht mehr als 12 Fuß und nicht weniger als 6 Fuß lang ist. Da gibt es kein Brett, welches das beste ist. Bei ganz bestimmten Bedingungen, zum Beispiel riesigen Wellen und starkem Wind, wird ein großes, schweres Brett wahrscheinlich besser funktionieren und ein kurzes Brett bei kleineren Wellen und weniger Wind – wenn du viel hin- und herkurven willst.“

Robby hat in den vergangenen Jahren alle möglichen Bretter ausprobiert – von den ersten Prototypen seines Vaters, die 3,80–3,90 Meter lang waren, bis zu dem kürzesten – einem am Schwertkasten abgeschnittenen Mistral Competition, der nur noch 2,20 m lang war. Inzwischen hat sich als Allroundlänge für ein Brandungsbrett, mit dem man auch „Fun Races“ mitsegeln möchte, ungefähr 9 1/2 Fuß (etwa drei Meter) herauskristallisiert. Natürlich sind in Hawaii die Designs noch schnellerem und radikalerem Wandel unterworfen als hier in Europa, weil sich dort wie unter einem Kristallisationsspiegel alles trifft, was in der Welt des Windsurfing Rang und Namen hat: von Europa, Nordamerika, Australien und den anderen Pazifik-Inseln. Die Entwicklung der letzten fünf Jahre im Board-Design ist – abgesehen von den Verdränger-Rümpfen der Offenen Klasse (IBSA) – von Hawaii ausgegangen. Hier haben sich auch die Designer aus Europa ihre Anregungen geholt und hier wird auch in Zukunft ein Board zu bestehen haben, wenn es sich auf dem Markt durchsetzen will.

Bild: 2, 5, 6 Robby's verkürzter Mistral Competition.

Bild: 1, 9 Carbonverstärktes „Semi-Round-Tail“-Brett.

Bild: 3, 4, 7 „Squaretail“-Bretter mit geradem Heck.

WELCHES IST DAS RICHTIGE GEWICHT?

„Zum Brandungssurfen kann man alles einsetzen, was man will. Du kannst ein Brett mit eckigem Heck, mit rundem Heck und breitem Bug, mit schmalem Bug, ein schweres oder ein leichtes Brett nehmen. Man muß selbst herausfinden, was gut für einen ist.
In Europa scheint der große Trend zu sein, die Bretter so leicht wie möglich zu machen. Da wird von 7- und 8-Kilo-Brettern geredet. Davon halte ich nichts. Das mag gerade recht sein für einen flachen See bei mittleren Winden. Jedoch – hier in Hawaii – ist ein schwereres Board sicher besser geeignet als ein zu leichtes Brett. Wenn du durch eine gebrochene große Welle hindurch mußt, hat ein schweres Board viel mehr Masse, um hindurchzugehen; und wenn du in wirklich starkem Wind springen willst, wird ein zu leichtes Board hin- und hergeblasen und gerät dir außer Kontrolle.“

Natürlich ist meistens ein zu leicht gebautes Brett auch viel zu empfindlich, so daß es zu schnell brechen kann. Nicht nur oberflächlich, daß etwa ein Loch entsteht, sondern oft hat man beim Springen Bretter gesehen, die in zwei Hälften gebrochen sind. Wohlgemerkt – was Robby als zu leicht empfindet, sind Gewichte unter 10 Kilo. Boards über 15 Kilo würden umgekehrt als zu schwer eingestuft.

250

Das ideale Gewicht von Fun-Boards liegt also zwischen 12 und 15 Kilo, je nach Board-Typ und der Person, die es segeln will. Wenn man genug Geld hat, sich alle Nase lang ein neues, leichtes Brett zu kaufen, so macht es nicht viel aus, wenn man an die untere Gewichtsgrenze geht. Wenn das Brett jedoch halten soll, sollte man das Gewicht in Kauf nehmen, solange Gewicht gleichbedeutend mit gutem Laminataufbau ist.

Nachdem auch die Hawaiianer eine Zeitlang extrem leichtgewichtige Boards gebaut haben, gaben sie diese Experimente schnell wieder auf, als sie merkten, daß diese Bretter mehr zur Reparatur in der Garage lagen als auf dem Wasser eingesetzt werden konnten. Dabei darf man nicht aus den Augen verlieren, daß man in Hawaii eine lange Tradition handwerklichen Könnens im Shapen und Glassen von Boards besitzt.

So neigen vor allem zu lange Fun-Boards (etwa mehr als 3,60 m lang) dazu, beim Springen in zwei Hälften zu brechen, wenn sie nicht sanft gelandet werden und etwa nur die hintere Hälfte des Boards auf die Welle schlägt und das vordere, überstehende Ende über die Welle hinausragt. Natürlich passiert dies hauptsächlich dann, wenn das Laminat mit dem Schaum schlecht verbunden ist oder trokkene Stellen im Laminat vorkommen. Auch sind durchgehende Mastfußbuchsen, die für ein Allroundbrett zum Auswechseln noch einen Sinn haben mögen, eine Schwäche für Funboards. Dort, wo eigentlich ein Stringer sein sollte, ist hier ein besonderer Schwachpunkt eingebaut.

FUSSSCHLAUFEN

„Das, was du wirklich in der Brandung brauchst, sind Fußschlaufen. Zwar sind wir auch früher ohne ausgekommen, aber mit Fußschlaufen macht das Springen natürlich viel mehr Spaß und ist auch viel einfacher. Wegen meines speziellen Fahrstils befestige ich meine Fußschlaufen sehr weit hinten. An den meisten Brettern habe ich die hintere mittlere Schlaufe direkt am Heck. Natürlich hängt die Position der Fußschlaufen gewaltig vom Trimm des Brettes, das heißt von der Position des Mastfußes, des Lateralplans usw. ab. Deshalb sollte man unbedingt ein custom made board zuerst bei viel Wind ohne Fußschlaufen fahren, bevor man sie an die falsche Stelle setzt."

Links: Wer die Welle von hinten überspringen will, muß sehr schnell sein, und der Sprung muß weit genug sein, um nicht im kritischen Bereich der Welle zu landen.

Nachdem die Hawaiianer zu Beginn ihre Fußschlaufen einfach aufs Brett drauflaminiert hatten, sind einige nach den ersten Unfällen dazu übergegangen, zunächst Buchsen ins Brett zu laminieren, an denen die Fußschlaufen mit verschiedenen Systemen angeschraubt oder anderweitig befestigt werden. Bei zu großer Belastung sollen diese Fußschlaufen aus der Buchse ausreißen können, damit sich der Fahrer nicht die Knöchel oder Knie verstaucht und außerdem das Material geschont wird. Diese Methode ist vor allem bei Polyäthylen-Brettern die einzig mögliche, da auf PE nichts hält und außerdem sehr leicht Hautablösungen vom Schaum auftreten. Inzwischen sind einige Fußschlaufensysteme auf den Markt gekommen, die einstellbare Auslösekräfte haben, also wie Ski-Sicherheitsbindungen funktionieren und die man gleichzeitig leicht und einfach ab- und anbauen kann. Beim Autodach-Transport sollte man

nämlich darauf achten, daß die Fußschlaufen nicht von einem anderen Brett plattgedrückt werden. Wenn sie sich einmal nach unten durchbiegen, sind sie kaum noch zu gebrauchen.

SCHWERT ODER FINNE

In Europa sieht man in letzter Zeit einen Trend, die Bretter anstelle mit einem Schwert mit 3 oder 4 Finnen auszurüsten. Auf die Frage, ob er das auch schon ausprobiert hat und was er davon hält, meint Robby:
„Ich habe es schon an mehreren Brettern ausprobiert. Ich mag es nicht besonders. Ich ziehe ein Schwert vor. Allerdings kommt es darauf an, was für ein Schwert es ist. Natürlich muß es sehr gut verarbeitet und abklappbar sein; aber nicht so wie die meisten abklappbaren Schwerter der europäischen Allroundboards, bei dem die gesamte Schwertfläche unter dem Brett bleibt. Ich meine unsere neuen Schwerter, die im Brett verschwinden und nur noch ein Stück übrig lassen, das nicht größer ist als eine Finne."
Jeder, der viel auf dem Meer surft, sollte diesen Ratschlag befolgen. Denn man darf nicht übersehen, daß die Strömungsgeschwindigkeit in der Brandung oft über 10 km/h ist. Da hat man ohne ein Schwert kaum die Chance, überhaupt hinaus zu kommen. Auch ist die seitliche Strömung an vielen Küsten Europas so stark, daß man ein Schwert braucht. Der Grund für die gegenwärtige Manie, das Schwert durch eine Finne zu ersetzen, liegt natürlich auch daran, daß die meisten Selbstbauer vor dem Einsatz eines Schwertkastens noch zurückschrecken. Auch gab es bisher für den Selbstbau kaum geeignete Schwerter, wie sie die Hawaiianer entwickelt haben. Da dies jedoch inzwischen anders ist, wird sich der Trend wieder mehr dem Schwert zuwenden.
„Was mir vor allem auch an den Finnen nicht gefällt, ist, daß sie beim Springen sehr leicht samt Finnenkästen ausbrechen und es dann viel Arbeit macht, wenn man sie wieder einbauen muß. Ein Schwertkasten dagegen ist viel leichter zu reparieren und hält eben auch viel besser. Was die Form der Finne angeht, so glaube ich, daß je nach Brett-Typ und Revier alle möglichen Formen o.k. sind. Ich habe jedenfalls keinen speziellen Tip. Ich probiere einfach so lange aus, bis ich das richtige Finnenpaar gefunden habe. Manchmal ist es einfach eine klassische Finne und manchmal nehme ich auch gern Cangacock-Finnen. Bei denen muß man allerdings sehr vorsichtig sein, da sie über das Brett hinausstehen."

MANCHE FINNEN ERZEUGEN DEN SPIN-OUT

Wahrscheinlich hat jeder, der schon einmal ein schnelles Fun-Board gesegelt ist, den Spin-Out erlebt, jenen nicht ungefährlichen, abrupten Sturz, bei dem das Brett ausgerechnet bei höchster Geschwindigkeit plötzlich in den Wind schießt und dabei oft in der Längsachse kentert, so daß man leicht auf die Finnen fallen kann. Der Spin-Out ist jedoch nicht nur ein gefährlicher Sturz, sondern er ist deshalb so unangenehm, weil er ausgerechnet bei höchster Geschwindigkeit passiert und einen bei Regatten weit zurückwerfen kann.
Es hat viele Theorien darüber gegeben, was den Spin-Out hervorruft. Da man die luvseitige Finne an einem Segelbrett gut beobachten kann, war uns aufgefallen, daß bei höchster Geschwindigkeit auf der Unterdruckseite, also der Luvseite der Finne, blasenartige Verwirbelungen zu sehen waren, die teilweise die ganze Finne bedeckten. Es wurde nun ein Zusammenhang hergestellt zwischen diesen bläschenartigen Verwirbelungen und dem Spin-Out. Es hieß, daß diese Erscheinung besonders dann verstärkt auftrete, wenn Luftblasen unter dem Brett sich an der Finne sozusagen sammeln und die laminare Strömung abreißen lassen. An dieser Theorie ist nur eines richtig: Beim Spin-Out reißt in der Tat die laminare Strömung an der Finne ab. Die Finne hat dann überhaupt keine Führung mehr und das Brett schießt in die Richtung, in

Rechts: Robby mit Jürgen Hönscheid am Diamond Head. Die Telelinse verkürzt den Abstand der beiden und läßt den Sprung gefährlich erscheinen.

die der letzte Impuls ging, d.h. bei Am-Wind-Kursen schießt das Brett in den Wind und bei sehr schnell gefahrenen Halsen entsprechend zur anderen Seite.
Was aber passiert nun wirklich an der Finne bei hohen Geschwindigkeiten?
Ich wollte es genau wissen und habe zusammen mit einem wissenschaftlichen Institut der Technischen Universität München ein Testprogramm an etwa 20 verschiedenen Finnen durchgeführt. Die Finnen wurden in einen Strömungskanal montiert, in dem wir die Wassergeschwindigkeit auf 60 km/h beschleunigen konnten. Um die wahren Verhältnisse auf dem Wasser möglichst genau simulieren zu können, konnten wir die Finne in der Längsachse so verstellen, daß sie 2, 3, 4 und 5 Grad Winkel zur Längsachse bildete. Außerdem ließ sich die Finne auch noch im rechten Winkel zur Wasserströmung schwenken, was jedoch keinen Effekt auf ihre Eigenschaften zeigte.
Was wir sahen, war sensationell und war auch nicht von den Wissenschaftlern im Institut erwartet worden. Bei einigen handelsüblichen Finnen traten nämlich bereits bei einem Anstellwinkel von 2 Grad und einer Wassergeschwindigkeit von 25 km/h die ersten Erscheinungen von Kavitation auf.
Kavitation nennt man in der Hydrodynamik den Zustand, in dem ein umströmtes Teil auf der Unterdruckseite seines Profils so stark atmosphärischen Unterdruck erzeugt, daß der Siedepunkt des Wassers radikal herabgesetzt wird und Wasser anfängt zu verdampfen.
Was wir also an unseren Finnen bei hoher Geschwindigkeit beobachten, sind nicht etwa Wasserbläschen, die unter dem Brett hindurchschießen, sondern lokales, an der Finne durch Unterdruck erzeugtes Verdampfen von Wasser. Die Beobachtung, daß der Spin-Out besonders leicht bei schnellen Fahrten über „white water“ (Gischt) auftritt, ist natürlich richtig, es ändert jedoch nichts an der wissenschaftlich bewiesenen Tatsache, daß die Finne kavitiert. Es kann nämlich hier ein zweiter Effekt hinzukommen, etwa so: Die Finne kavitiert beispielsweise nur im unteren Bereich. In dem Moment, da das Brett nun im oberen Bereich keine Führung mehr im Wasser hat, weil entweder das Wasser zu sehr von Luft verwirbelt ist, oder man über eine kleine Welle hinausschießt, reißt die Strömung an der Finne ab, obwohl sie nur an der unteren Hälfte kavitiert.

WIE KANN MAN DIE KAVITATION AN DER FINNE VERMEIDEN?

Völlig vermeiden läßt sich Kavitation überhaupt nicht, da selbst das idealste Profil bei höheren Wassergeschwindigkeiten immer wieder die gleichen Erscheinungen hat. Man kann jedoch Finnen bauen, die so ideal profiliert sind, daß die Kavitation in Geschwindigkeitsbereiche geschoben wird, die man schlechterdings mit einem Surfbrett nicht mehr erreichen kann.
Außerdem gibt es Brettformen, die von sich aus die Kavitation und damit den spin-out weitgehend vermeiden: Kurze Boards mit viel Volumen im Heckbereich neigen stark zum spin-out und umgekehrt solche mit schlankem Heck entsprechend weniger.
Ein weitverbreiteter Irrtum unter Surfern ist etwa, Profile für die Finne zu wählen, die vorne besonders schlank sind (etwa Naka-Profil 09 und ähnliche). Solche schlanken Profile haben sich als besonders negativ im Kavitationstest erwiesen. Ihr Profil ist nur ideal bei Anströmung von vorn, was jedoch beim Surfen nur selten auftritt. Vorne rundere Profile

Kavitation an der Finne (Labor Foto). In dieser Wasserdampfblase fehlt der Finne die Führung und läßt den gefährlichen spin-out entstehen.

zeigten sich eindeutig besser zur Verhinderung des Spin-Outs.
Ganz besonders auffällig aber war, daß Kavitation dann auftritt, wenn die Finne Kratzer und andere unsaubere Profilstellen hatte. Hier entsteht lokal sehr früh Kavitation und breitet sich von dort aus. Man kann also seine Finne nicht gut genug schmirgeln und pflegen, wenn man in höherem Geschwindigkeitsbereich den Spin-Out vermeiden will. Auch ist es extrem wichtig, daß eine Finne nicht zu weich ist. Man kann sagen, daß alle Finnen aus Thermoplasten, wie Polyäthylen oder ABS, viel zu stark abbiegen. Deutlich konnten wir fotografieren und filmen, wie beim ersten Auftreten von Kavitation solche Finnen hin- und herschlagen, da der Abriß der Strömung sie in die Ursprungslage zurückschnellen läßt. Eine Finne kann also nicht hart genug sein. Selbstverständlich wirken sich solche Impulse an der Finne auf das Geradeaus-Fahrverhalten des Brettes aus.

DAS RICHTIGE SEGEL FÜR DIE BRANDUNG

„Die meisten Segel von Allroundbrettern in Europa sind so geschnitten, daß sie für die Brandung ungeeignet sind. Da das Schothorn zu niedrig sitzt, hängt dir ständig das Ende des Gabelbaums im Wasser. Es passiert uns natürlich vor allem deshalb, weil unsere Bretter den Lateraldruckpunkt so weit hinten liegen haben und man deshalb ständig auch mit seinem Segel nach hinten kommen muß. Deshalb haben wir an unseren Segeln das Schothorn höher gesetzt und die Gabelbäume verkürzt. Um trotzdem noch genügend Segelfläche zu haben, haben wir die Masten verlängert und sogenannte „high aspect ratio"-Segel entworfen.

Diese Art Segel sind in Europa als Maui-Segel bekannt und modeartig populär geworden. Abstrahiert man einmal von dem Modeaspekt, so bleibt dem Maui-Segel (high aspect ratio sail) der wesentliche Vorteil, daß der Segeldruckpunkt höher liegt als bei einem klassischen Sturmsegel. Man braucht also zur Kursänderung nicht einen so großen Steuer-

Wer Springen übt, wird viele solcher Stürze erleben. Um so wichtiger ist sehr haltbares und sicheres Material.

ausschlag am Gabelbaum zu machen, was vor allem für kleine Personen große Vorteile bringt. Da man außerdem auch ungern aus den Fußschlaufen aussteigt, ist es gut, ein Segel zu haben, das auf geringste Steuerausschläge am Gabelbaum reagiert. Ein weiterer gewaltiger Vorteil dieser high aspect sails ist natürlich, daß sie so leicht aus dem Wasser zu ziehen sind. Die verkürzte Strecke im Gabelbaum erlaubt dem Wind nicht mehr so leicht, das Segel – halb hochgezogen – wieder ins Wasser zu drücken. Man spart enorm viel Kräfte – nicht nur beim Hochziehen, sondern auch beim Segeln selbst. Dann sind die Ausschläge des Segels weniger unangenehm.

Allerdings wird in Europa oft der Fehler gemacht, daß diese high aspect ratio sails für viel zu harte Masten geschnitten werden. Dadurch wird ein erheblicher Vorteil (nämlich das erleichterte Hochziehen aus dem Wasser) wieder vergeben. Es ist also die Kunst, ein solches high aspect ratio Segel, vor allem mit oben ausgestellten Latten, so zu schneidern, daß es auch auf weicheren Masten steht.

„Selbstverständlich ist es ausgesprochen wichtig, beim Brandungssurfen ein Segel mit großen Fenstern zu haben. Du mußt nämlich nicht nur die anderen im Wasser noch genauer beobachten, sondern auch nach hin-

Unachtsamkeit kann unter solchen Bedingungen leicht ein böses Ende nehmen.

ten die Welle sehen können. Deswegen sollte die untere Bahn im Segel möglichst weit nach hinten gezogen sein. Die kleinen Fenster, wie man sie in Europa viel sieht, sind für die Brandung sicherlich ungeeignet.

HAWAII-STARTSCHOT UND RIGG-SICHERUNG

Die elastische Startschot – auch Hawaiischot genannt – ist schon vor einigen Jahren von den Hawaiianern in Kailua entwickelt worden. Leider verbreitete sich in Europa eine Interpretation, die den wahren Vorteil der Hawaiischot übersah und falsche, nicht existierende „Vorteile" in den Vordergrund rückte. Es wurde nämlich behauptet, daß durch die Hawaiischot das Hochziehen des Segels einfacher würde. Dies ist sicherlich Unsinn, weil das Hochziehen des Segels die Überwindung eines Widerstandes ist, der einzig und allein definiert ist durch die Kraft, die, aus Wind und Wasser bestehend, auf das Segel drückt. Ein erheblicher Vorteil der Hawaiischot ist jedoch, daß einem der Wind ein Rigg, das man elastisch in der Hand hält, nicht so schnell wegreißen kann. Führt man das Rigg dagegen an der herkömmlichen, geknoteten Startschot, wird man oft genug vornübergezogen oder muß den Knoten loslassen. Das Gabel-

baumende fällt dann ins Wasser und das Hochziehen beginnt von vorn. Das unruhige Zerren des Windes am Rigg wird also von der elastischen Hawaiischot aufgefangen. Schließlich gehört zur guten Ausrüstung in der Brandung eine haltbare und selbst größten Kräften gewachsene Rigg-Board-Verbindung. Man braucht sicher die vielen Beinahe-Unfälle und Havarien nicht neu zu erwähnen, um dem Letzten klar zu machen, wie lebenswichtig eine solche Riggverbindung im Zweifel sein kann. Dennoch sieht man immer wieder, wie leichtsinnig manche Surfer aufs Wasser gehen.
Allerdings ist dieser Vorwurf vor allem an die Adresse der Hersteller zu richten. Es ist absolut lächerlich, was teilweise als Rigg-Board-Verbindung ausgegeben wird. Die Gummibänder, die das Rigg mit der zweiten freien Mastspur verbinden, halten oft nicht einmal der kleinsten Mittelmeer-Strandwelle stand. Was an diesen Rigg-Board-Verbindungen so schlimm ist, ist die Illusion der Sicherheit, in der sich der Surfer befindet. Er glaubt sich gesichert und muß dann feststellen, daß die erste Welle sein Brett wegträgt. Deshalb sollten Surfer, die aufs Meer hinausgehen, diesem Punkt besondere Beachtung schenken.

„Ich ziehe der normalen Board-Rigg-Sicherung, die zur zweiten Mastspur führt, eine Leine vor, die den Mastfuß mit der Boardnase verbindet. Dafür gibt es zwei Gründe: 1. kann es nicht mehr passieren, daß die Leine die empfindlichen „rails“ meines Boards beschädigt und 2. ist die Verbindung zum Bug des Boards auch deshalb von Vorteil, weil das Brett sich sofort strömungsgünstig hinlegt und die Gewalt der Welle und des Windes auf die Leine, auf Mastfuß und sonstige Ausrüstung erheblich abnimmt.“
Allerdings sollte man diese Verbindungsleine so anbringen, daß jegliches Stolpern beim Wenden vermieden wird. Meistens sieht man deshalb diese Riggsicherung auch bei solchen Boards, mit denen man nicht mehr wendet, sondern ständig nur halst.

SPRINGEN AUF WEITE

Springen auf Weite ist grundsätzlich eine Fortsetzung des Segelns auf dem Wasser oder zumindest der Versuch, in der Luft weiterzusegeln. Die besten Bedingungen für Springen auf Weite sind dann gegeben, wenn der Wind von der Seite bis ablandig achterlich kommt. Dann erreicht man nämlich die höchsten Geschwindigkeiten im rechten Winkel über die Welle.

„Wenn du Springen auf Weite übst, such dir die steilste Stelle der Welle aus, um dann – anders wie beim normalen Springen – im letzten Moment anzuluven. Halte deinen Kurs und schieß in der eingeschlagenen Richtung so schnell wie möglich über die Welle hinaus. Zieh nicht nur mit dem vorderen Fuß und deinen Armen, sondern zieh deinen ganzen Körper zusammen, damit du das Brett so hoch wie möglich bekommst und gleichzeitig die Segelposition einhältst, so als ob du noch immer auf der Welle den Berg hinaufsurfst."

Der wirklich schwierige Teil des Springens auf Weite ist die Landung. Oft ist man bei solchen Sprüngen 30–35 km/h schnell, und das geht natürlich auf Material und Knochen, wenn man zu flach landet. Das beste ist deshalb, wenn man entweder ganz vorsichtig mit der Nase zuerst aufsetzt oder mit dem Heck zuerst. Jedenfalls sollte man vermeiden, flach auf's Wasser zu klatschen.
„Das Problem bei diesen Sprüngen mit der Landung auf dem Heck ist, daß man wegen der hohen Geschwindigkeit das Brett immer noch zu stark aufs Wasser schlägt. Deshalb lande ich am liebsten mit dem Bug voran, wenn das möglich ist. Natürlich nicht gleich in die nächste Welle hinein, was in Europa passieren könnte."
Wenn man eine sanfte Landung so nicht hinbekommt, ist es am besten, wenn man seitlich auf der Kante landet, indem man die Leekante

Ein gewaltiger Sprung auf Weite: Im Moment des Abspringens (Take off) zieht man sich am Segel hoch…

…„hebt" das Brett mit den Fußschlaufen bis zur Hüfte hoch…

ins Wasser runterdrückt. Dadurch landet man zwar in der Längsachse flach auf dem Wasser, aber das Brett kann über die Kante leichter eintauchen. Dadurch vermeidet man den gewaltigen Schlag, der sonst auf das Material und auf den Körper ausgeübt wird. Wer schon einmal die gewaltigen Sprünge von Hobiecats über Wellen gesehen und beobachtet hat, wie die Katamaranschwimmer des Hobiecat sanft eintauchen und so die gewaltige Masse des Katamarans abbremsen, versteht leichter, was hier gemeint ist.

... dabei dienen Segel und Brett im Wind als Auftriebsfläche.

Bei der Landung versucht man auf der Leekante aufzusetzen, da sonst der Aufschlag des Boards zu hart ist.

„Um wirklich auf Weite zu kommen, mußt du nach dem Abheben mit deinen Füßen das Brett bis zu deiner Hüfte hochziehen. So hängst du seitlich unter dem Segel und versuchst, die Segelposition beizubehalten und wie ein Drachenflieger mit dem Wind weitergetragen zu werden. Bei der Landung mit dem Bug voraus achte darauf, daß du im letzten Moment dein Bein so stark streckst, daß du nicht vornüber gerissen wirst."

SPRÜNGE MIT DEM BUG NACH UNTEN

Diese Art zu landen nennt man nose-dive-jump, etwa mit Buglandung zu übersetzen. Es ist eine der schwierigsten Übungen. Man kann sie als Fortsetzung eines Springens auf Weite bezeichnen. Man versucht also, an der Lippe der Welle, anstatt mit dem vorderen Fuß das Brett auf Höhe zu ziehen, das Brett mit dem hinteren Fuß hochzuliften und dabei das Brett so durch die Luft zu steuern, daß es möglichst wenig Luftwiderstand macht.

Am höchsten Punkt des Sprungs drückt man das Brett vorsichtig mit dem vorderen Fuß nach unten und zieht es mit dem hinteren weiter hoch und setzt so langsam zur Landung an. *„Dann kommt der eigentlich schwierige Part. Am Anfang bin ich des öfteren voll auf Tauchstation gegangen. Dabei verschwindet das Brett völlig im Wasser und du mußt sehen, daß du aus den Fußschlaufen herauskommst, ohne dich zu verletzen. Der Sprung ist wirklich nicht ungefährlich. Deshalb sollte man sich bei den ersten Versuchen einfach nach Luv fallen lassen, damit man nicht voll aufs Brett knallt. Auf keinen Fall darf man das vordere Bein zum Schluß strecken, sondern in angespannter Hocke mit dichtgezogenem Segel den ganzen Landungsvorgang durchfahren. Wer auffiert, wird sofort nach vorn gerissen. Du mußt also die Landung voll durchfahren – auch wenn es dir auf den ersten Blick als falsch erscheint. Wenn die Nase des Brettes eintaucht, halte das Segel dicht. Fiere nicht auf und spann deinen Körper an, dann kommt das Brett von selbst wieder hoch. Wenn du natürlich zum Schluß siehst, daß du es nicht schaffst, laß alles los und laß dich nach Luv fallen. Sieh zu, daß du aus den Fußschlaufen herauskommst.“*

Der Nosedive ist ein sehr schneller Sprung, bei dem weder Segel noch Board durch Luftwiderstand bremsen. Die Geschwindigkeit bleibt erhalten, was die Landung besonders riskant macht.

SPRÜNGE AUF HÖHE

Wer das nebenstehende Foto anschaut, wird sich fragen, wo ist der Surfer Naish? Sein Brett fliegt wie ein UFO am Himmel. Ist es noch unter Kontrolle des „Kapitäns" oder ist dieser schon von Bord gegangen?
Viele Sprünge, die wir aus den Surfmagazinen kennen – auch einige in diesem Buch –, sind fotografische Übertreibungen. Sie sind mit der Kamera aus dem Wasser aufgenommen. Oft mit einem Weitwinkelobjektiv, das alles weiter entfernt und höher erscheinen läßt. Doch das nebenstehende Foto und die Serie auf der nächsten Seite wurden mit einem Teleobjektiv vom Strand aus geschossen. Dabei wird umgekehrt alles noch verkleinert und verharmlost. Das Wasser wird eingeebnet. Die Wellentäler werden nur sichtbar, wenn ein ganzes Surfsegel von 5 Meter Länge darin versinkt.
Man wird sich fragen, wie ist ein solcher Sprung überhaupt möglich. Ein Surfbrett ist doch kein Flugdrachen! Gerade dies ist ein Surfsegel bei der Landung aus einer so kritischen Sprungphase eben doch.

SO HOCH WIE MÖGLICH

Wer so hoch hinaus will, muß sich sehr steile und hohe Wellen aussuchen.
Um genügend Geschwindigkeit zu erzielen, sollte der Wind idealerweise von der Seite bzw. leicht auflandig blasen.
„Wenn du hoch springen willst, mußt du die Welle an der steilsten Stelle erwischen. Also schon beim Absprung das Brett vertikal in den Himmel schießen lassen. Und wenn du an der Spitze der Welle bist, kurz vor dem Take off, stößt du dein Brett mit dem vorderen Fuß regelrecht in die Luft.
Dabei halte ich so lange wie möglich das Segel dicht, damit mich der Wind noch höher trägt. Wenn es gelingt, daß der Wind unter dein Segel greift, kannst du das Board mit den Füßen weit überziehen. Ich habe es

Wo ist der Surfer Naish? Sein Brett fliegt am Himmel. Ist er schon in den Fluten untergetaucht? Die nächsten Seiten geben Aufschluß über diesen Sprung auf Höhe.

schon geschafft, daß mein Board waagerecht über mir schwebte und ich mit den Füßen in den Schlaufen darunter hing.“

Wer die Fotoserie auf den nächsten Seiten genau studiert, kann erkennen, daß auf dem ersten Foto sogar noch ein Gegenbauch im Segel entsteht, so kraftvoll hebt Robby ab.

Auf dem zweiten Bild ist der höchste Punkt der Flugphase erreicht. Ein unkontrollierter Sprung würde nun böse enden. Der Surfer würde rückwärts ins Wasser zurückfallen, und das ganze Brett samt Rigg würde auf ihn stürzen.

Am wichtigsten in dieser Phase ist ein guter Halt in den Fußschlaufen. Wenn man herausrutscht, kann man das Board nicht mehr unter sich zurückziehen.

„Der Sprung auf Höhe ist erst in der Landephase kritisch. Am höchsten Punkt sind meine Arme gestreckt und das Segel wird kurz aufgefiert. Dann, für die Landung, hole ich wieder dicht und ziehe das Board mit den Füßen unter meinen Körper. Dabei benutze ich das Segel wie einen Flugdrachen. Schlimm ist, wenn du aus großer Höhe flach mit dem Brett aufsetzt. Dann gibt es einen gewaltigen Schlag, der weder dir noch dem Material gut tut. Deshalb gilt es, die flache Landung zu vermeiden und statt dessen mit dem Heck zuerst aufzusetzen.“

1. Der Take off ist so kraftvoll, daß das Segel sogar von Lee einfällt.

2. Auf dem Höhepunkt der Flugphase erkennt man Robby nicht mehr. Er ist vollständig verdeckt.

3. Das Segel wird wie ein Flugdrachen zur Landung eingesetzt.

DER WELLENKRATZER

Die neueste Version eines Sprungs auf Höhe mit besonders dramatischer Einlage ist auf der nächsten Seite zu sehen.
Robby zieht mit der Spitze des Mastes einen Kratzer in die Welle, bevor er wieder sicher landet, so wie auf den vorstehenden Fotos. Dies ist natürlich nur möglich, wenn man das Board sehr schnell in die Luft katapultiert und gleichzeitig das Segel mit dem Top herunterzieht, da sonst die Welle, auf der man abhebt, weiterläuft und im Wellental keine Möglichkeit zu diesem Trick mehr besteht.

Nächste Doppelseite:
Ein weiterer ähnlicher Sprung auf Höhe, bei dem Robby zusätzlich mit dem Top des Segels durch die Welle „kratzt" und danach sicher landet.

Der Beweis, daß hier nicht verschiedene Sprünge zusammenkopiert wurden, wie so oft zu sehen ist, wird durch Wiedergabe der vollständigen Diarähmchen erbracht. Die Stempel und Zahlenfolge des Films zeigen eine einzige Phase.

4. Mit den Füßen fest in den Fußschlaufen zieht Robby das Brett wieder unter sich.

5. Mit dem Heck zuerst landen ist zur Schonung von Material und eigenen „Knochen" wichtig.

DER DONKEY KICK (ESELSSPRUNG)

Bei einem Sprung auf Höhe wie ein übermütiges Fohlen auszutreten, ist Robby's Lieblingssprung.
Er hat diesen Trick den Skiartisten abgeschaut, die beim Freestyle die Ski seitlich hochziehen, um dann auch wieder sicher zu landen. Da es sich hierbei um den schwierigsten Sprung im Windsurfing überhaupt handelt und Robby der einzige Surfer ist, der ihn bisher beherrscht, widmen wir dem Donkey Kick die nächsten 11 Farbseiten.
„Wer den Donkey Kick üben möchte, sollte den Sprung auf Höhe schon gut beherrschen. Denn hier muß man noch kontrollierter das Brett wieder unter sich ziehen.
Wieder braucht man starken seitlichen Wind, der auch etwas auflandig kommen darf, um so hoch wie möglich zu springen. Denn je höher man springt, desto mehr Zeit hat man für einen guten Donkey Kick.“
Man macht also im wesentlichen nichts anderes als beim Sprung auf Höhe, nur daß man zum Schluß in der Steigphase das Brett zur Seite mit dem hinteren Bein wegstößt. Statt in der Längsachse des Sprungs wird das Brett hier zur Seite überzogen.
Wieder ist entscheidend, daß man durch den Dracheneffekt in der Landephase genügend Zeit hat, das Brett so unter sich zu ziehen, daß man sanft mit dem Heck landet.

WANN WIRD DER ERSTE LOOPING GESPRUNGEN?

Wenn man die Schnelligkeit erlebt hat, mit der Windsurfing in weniger als einem Jahrzehnt fortgeschritten ist zu immer neuen Sensationen, so braucht man nicht viel Visionskraft, um den Tag vorherzusehen, wo irgend jemand den ersten Looping stehend „überlebt“.

Daß dies theoretisch möglich ist, daran zweifelt unter den besten Windsurfern der Welt inzwischen keiner mehr. Es wird nur darauf ankommen, wer als erster das geeignete Brett und Segel entwickelt, das diesen Sprung begünstigt.
Und außerdem muß man den geeigneten „Übungsplatz“ finden. Denn in dem seichten Wasser über den Korallenbänken am Diamond Head, wo heute die tollkühnsten Surfer der Welt trainieren, wird sich hierzu niemand hergeben. Schon bei harmloseren Stürzen haben sie sich an den Korallen Schnittverletzungen beigebracht.

Sicher werden aber die hier gezeigten Sprünge bald zum Repertoire der besten Surfer gehören. Und hierfür braucht man nicht unbedingt nach Hawaii zu fliegen. Auch in Europa gibt es gute Bedingungen, um unseren Sport von seiner schönsten und spektakulärsten Seite zu erleben.

Der „Donkey Kick“ ist eine Spezialität von Robby. Es ist ein Sprung auf Höhe, bei dem er das Board an den Fußschlaufen zur Seite wegtritt.

Bildserie auf den folgenden Seiten: Auf den Seiten 183–187 kann man den „Donkey Kick“ in jeder Phase studieren.